《中国非公有制经济人士统战研究基地丛书》

主编　范柏乃

“十三五”国家重点图书出版规划项目

组织二元性与技术创新

陈佳乐　著

中国财经出版传媒集团
中国财政经济出版社

图书在版编目（CIP）数据

组织二元性与技术创新／陈佳乐著．--北京：中国财政经济出版社，2019.11

（中国非公有制经济人士统战研究基地丛书）

ISBN 978－7－5095－9302－8

Ⅰ．①组…　Ⅱ．①陈…　Ⅲ．①企业绩效－企业管理－研究－中国　Ⅳ．①F279.23

中国版本图书馆 CIP 数据核字（2019）第 234562 号

责任编辑：刘五书　刘　畅　　　　责任校对：徐艳丽

封面制作：孙俪铭

中国财政经济出版社 出版

URL：http：//www.cfeph.cn

E－mail：cfeph@cfeph.cn

社址：北京市海淀区阜成路甲 28 号　邮政编码：100142

营销中心电话：010－88191537

北京财经印刷厂印刷　　各地新华书店经销

787×1092 毫米　16 开　12 印张　184 000 字

2019 年 12 月第 1 版　2019 年 12 月北京第 1 次印刷

定价：45.00 元

ISBN 978－7－5095－9302－8

（图书出现印装问题，本社负责调换）

本社质量投诉电话：010－88190744

打击盗版举报热线：010－88191661　QQ：2242791300

《中国非公有制经济人士统战研究基地丛书》

编　委　会

总　序

党的十八届三中全会明确提出，要“支持非公有制经济健康发展”。《中共中央关于全面深化改革若干重大问题的决定》明确指出，公有制经济和非公有制经济都是社会主义市场经济的重要组成部分，都是我国经济社会发展的重要基础。必须毫不动摇鼓励、支持、引导非公有制经济发展，激发非公有制经济活力和创造力。

截至2016年年底，全国拥有各类市场主体8705.4万户，其中企业2596.1万户，个体工商户5930万户，农民专业合作社179.4万户。在8700万户市场主体当中，90%以上归属于非公有制经济。据统计，目前非公有制经济税收贡献率超过50%，GDP所占比重超过60%，就业贡献率超过80%。非公有制经济为我国经济社会发展做出了巨大贡献，在促进经济增长、激发创新、扩大就业和增加税收等方面发挥了重要作用。

在中国经济加快转型发展和进入新常态的背景下，非公有制经济发展正由传统工业化向新型工业化转变，发展动力从资源消耗为主向创新驱动为主转变，发展体系由外向型经济向统筹内外、内外结合转变，发展业态由传统集聚为主向现代产业集群为主转变，管理体制从家族管理为主向现代管理为主转变，发展目标从商品输出为主向资本输出为主的变。

非公有制经济的转型发展，离不开非公有制经济人士的智力支持。我国的非公有制经济人士，是适应社会主义初级阶段解放和发展生产力的需要，在改革开放、发展社会主义市场经济过程中出现的一个新的社会群体。经过近40年的发展，非公有制经济人士的构成主体已发生巨大变化：由过去的主要以农民和城镇待业人员为主，发展到包括从党政机关、国有企事业单位、大专院校、科研单位分流出来的行政干部、中高级知识分子以及海外归国人员在内的庞大队伍，并且这支队伍仍处于不断发展壮大和变化之中。非公有制经济人士具有较强的社会责任感，为经济建设和社会发展作出了很大贡献，已成为我国社会主义现代化建设的一支积极力量、统一战线的重要成员。

非公有制经济的蓬勃发展以及非公有制经济人士的健康成长、队伍壮大更加离不开围绕非公有制企业、人士的体制机制和制度环境的建设，尤其是政府职能的转变、行政体制的改革以及法治、市场和资本等环境的优化。2015 年 5 月，习近平总书记在中央统战工作会议上指出，促进非公有制经济健康发展和非公有制经济人士健康成长，要坚持团结、服务、引导、教育的方针，引导非公有制经济人士特别是年轻一代致富思源、富而思进，做到爱国、敬业、创新、守法、诚信、贡献。2016 年 3 月 4 日，习近平总书记在看望出席全国政协十二届四次会议民建、工商联界委员并参加联组讨论时，进一步强调指出，非公有制经济要健康发展，前提是非公有制经济人士要健康成长。

《中国非公有制经济人士统战研究基地丛书》正是基于以上背景，在中国统一战线理论研究会非公有制经济人士统战工作理论浙江研究基地的出版资助下，吸收宁波大学、浙江大学等省内高校和科研机构，长江三角洲乃至全国范围内的非公有制经济、非公有制经济人士中的专家学者以及实际工作部门人员，精心组织并撰写本套丛书。丛书主要围绕非公有制企业、非公有制经济人士、非公有制企业（人士）成长环境和体制机制改革等领域进行系统研究，深入探讨非公有制企业的市场拓展、技术创新、企业传承、文化建设、社会责任，非公有制经济人士的成长动力、成长瓶颈、成长机制，营商环境（如法治环境、市场环境和资本环境），以及政府职能转变等一系列重要问题。

《中国非公有制经济人士统战研究基地丛书》出版，可以为非公有制经济企业转型发展提供咨询服务，为党和政府决策提供事实依据，为促进非公有制经济健康发展和非公有制经济人士健康成长提供实际指导。

摘 要

在全球化超竞争环境中，企业的生存和发展，既要高效率地满足短期市场需求，又要创新性地适应长期市场趋势，这就对企业的组织二元性（organizational ambidexterity）提出了要求。组织二元性是指一个组织既能高效地从事那些利用性（exploitation）活动（例如，对现有机会、资源和能力的调动、应用及渐进型创新等），又能积极地从事各种探索性（exploration）活动（例如，对新的机会、资源和能力的学习、开发及创新等）。企业如何有效平衡和结合利用性活动和探索性活动从而达到组织二元性，以赢得可持续竞争优势，成为人们普遍关心的问题。基于此，本书选择了结构视角作为研究的切入点，以组织结构分隔和公司治理结构通过组织二元性影响企业绩效为分析主线，逐步开展从理论探索到实证检验的一系列相互联系的研究。

本书提出组织二元性有 2 个结构基础的理论框架，即组织结构分隔和公司治理结构。组织结构分隔通过将探索性单元和利用性单元分隔开，使其各自分别专注于探索性任务和利用性任务而影响组织二元性；公司治理结构通过减少代理成本的监督和激励机制影响管理层行为进而影响组织二元性。而组织二元性对企业绩效有着正向影响，所以本书假设组织结构分隔和公司治理结构通过组织二元性影响公司绩效。

子研究一（第 3 章）是一项案例研究。该子研究在组织二元性原有的理论基础上从产品和市场角度将组织二元性划分为 4 个维度。通过万马电缆的案例，刻画了产品探索、产品利用、市场探索和市场利用在企业中的真实表现，并分析了四者的互动，得出企业要实现可持续发展必须对现有产品和市场及新生产品和市场进行组合管理的结论。

子研究二（第 4 章）是一项实验研究。该子研究通过一项作者开发的双重实验任务，有针对性地在不同类型的被试分组模拟组织结构分隔的不同水平，让不同的小组分别进行实验，以检验组织结构分隔对“探索”“利用”以及“探索”和“利用”的结合效应的作用。实验结果支持了组织结构分隔对“探索”以及“探索”和“利用”的结合效应的显著影响，证明了组织结构分隔是组织二元性的第一个结构基础。同时，实验比较了单人操作和双人合作，证明了结构视角是更容易达到组织二元性的路径。

子研究三（第 5 章）是一项二手数据研究。该子研究针对已有关于组织二元性结构视角的研究中忽略公司治理结构的不足，将治理结构作为第二个结构前因，将“探索”和“利用”的取舍（即两者的平衡效应）以及“探索”和“利用”的正交（即两者的结合效应）作为中介，考察公司治理通过“探索”和“利用”的平衡效应和结合效应提升短期绩效和长期绩效的机制。本书收集了 2006—2011 年的中国和美国上市公司的面板数据，使用可行广义最小二乘法，证明公司治理确实是组织二元性的第二个结构基础。

子研究四（第 6 章）是另一项二手数据研究。该子研究是为了整合本书提出的组织二元性的 2 个结构基础的框架。基于子研究三的面板数据，子研究四增加了组织结构分隔。研究结果显示，排除组织结构分隔的影响后，公司治理结构依旧显著影响组织二元性，所以可以认为组织结构分隔和公司治理结构都对组织二元性有显著作用，两者共同组成了组织二元性的结构基础。公司治理结构和组织结构分隔都可以通过“探索”和“利用”的平衡效应影响企业绩效。

目　录

第 1 章　绪论 …………………………………………………… (1)
1. 1　研究背景和问题提出 …………………………………… (1)
1. 2　相关概念和理论基础 …………………………………… (6)
1. 3　研究内容、设计及方法 ………………………………… (13)
1. 4　研究可能的创新点 ……………………………………… (18)

第 2 章　文献回顾与评述 ………………………………………… (21)
2. 1　组织二元性研究综述 …………………………………… (21)
2. 2　组织结构研究综述 ……………………………………… (39)
2. 3　公司治理结构研究综述 ………………………………… (44)
2. 4　简要评述 ………………………………………………… (50)

第 3 章　企业组织二元性的维度及其互动——描述性案例研究 ……………………………………… (53)
3. 1　研究目的 ………………………………………………… (53)
3. 2　分析框架 ………………………………………………… (54)
3. 3　研究方法 ………………………………………………… (57)
3. 4　案例描述 ………………………………………………… (61)
3. 5　研究小结 ………………………………………………… (74)

第 4 章　组织结构分隔对“探索”和“利用”的影响——一项实验研究 ………………………………… (76)
4. 1　研究目的 ………………………………………………… (76)
4. 2　研究假设 ………………………………………………… (78)
4. 3　实验方法 ………………………………………………… (81)

4.4 实验结果与分析 …………………………………………………………… (85)
4.5 研究小结 …………………………………………………………………… (89)

第5章 公司治理结构、组织二元性与企业长期绩效和短期绩效——基于中国和美国上市公司面板数据的实证研究 …………………………………………………………… (93)
5.1 研究目的 …………………………………………………………………… (93)
5.2 理论背景与研究假设 ……………………………………………………… (95)
5.3 研究方法 …………………………………………………………………… (100)
5.4 实证结果 …………………………………………………………………… (107)
5.5 研究结论和讨论 …………………………………………………………… (113)

第6章 组织二元性的结构基础——组织结构分隔与公司治理结构 …………………………………………………………… (118)
6.1 研究目的 …………………………………………………………………… (118)
6.2 理论背景与研究假设 ……………………………………………………… (119)
6.3 研究方法 …………………………………………………………………… (121)
6.4 实证结果 …………………………………………………………………… (124)
6.5 研究结论和讨论 …………………………………………………………… (133)

第7章 结论与展望 ……………………………………………………… (136)
7.1 主要结论 …………………………………………………………………… (137)
7.2 理论进展 …………………………………………………………………… (139)
7.3 现实意义 …………………………………………………………………… (142)
7.4 研究局限与展望 …………………………………………………………… (144)

参考文献 …………………………………………………………………… (147)

附录1 实验研究中的认知风格问卷 ………………………………………… (174)

附录2 实验说明 …………………………………………………………… (178)

第 1 章
绪　论

1.1 研究背景和问题提出

在日益加剧的全球化和网络化竞争条件下，企业如果仅是满足传统业务优势而忽略新技术趋势和新市场机会，则可能很快被淘汰。例如，柯达对新兴数字技术的犹豫，诺基亚对陈旧 Symbian 操作系统的留恋等。当然，企业如果过分依赖新营销方法、新商业模式而无视日常运营管理，也会导致“兴也勃、衰也忽”。这样的例子更是不胜枚举。Levinthal 和 March（1993）将这 2 类现象分别称为成功陷阱（success trap）和失败陷阱（failure trap）。前者只“利用”而不“探索”，后者则只“探索”而不“利用”，它们都是不均衡的、极端的做法，难以平衡企业短期生存和长期发展（Gupta, Smith & Shalley, 2006）。为了获得可持续竞争优势，企业既需要有足够的利用性活动保证现在的生存，又需要有足够的探索性活动保证未来的发展，这就要求企业组织必须具备二元性（ambidexterity）

（He & Wong，2004；Jansen，Volberda & Van den Bosch，2005；Lubatkin，Simsek，Ling & Veiga，2006；Raisch & Birkinshaw，2008）。

诺基亚曾是智能手机市场的先锋军。2002 年，诺基亚发布了运行 Symbian 60 系统的智能手机。接下来的 5 年时间内，Symbian 系统的智能手机轻松占据智能手机领域的领军位置。然而到了 2007 年，苹果公司发布了拥有全触屏界面以及基于应用的操作系统的 iPhone 手机。iPhone 改写了智能手机的定义。但是诺基亚忽视了用户随之而改变的消费需求。随着苹果 iOS 系统和谷歌 Android 系统的相继出现，Symbian 系统越来越无法跟上时代的步伐。表 1－1 列出了诺基亚 2005—2012 年以及 2013 年第一季度和第二季度的财务数据。通过表 1－1 可以看到，2007 年诺基亚的销售和利润达到了最高峰。但也是从 2007 年开始，诺基亚开始走下坡路。2011 年诺基亚首次出现亏损，且一直没能扭转亏损状态。直至 2013 年 9 月 3 日，微软宣布以 72 亿美元收购诺基亚手机业务。

表 1－1　诺基亚 2005—2013 年销售和利润表　单位：百万欧元

年份	销售额	营业利润	税前利润
2005	34191	4639	4971
2006	41121	5488	5723
2007	51058	7985	8268
2008	50710	4966	4970
2009	40984	1197	962
2010	42446	2070	1786
2011	38659	－1073	－1198
2012	30176	－2303	－2644
2013—Q1	5852	－150	－257
2013—Q2	11547	－265	－432

图 1－1 非常直观地显示了 2007 年和 2011 年这 2 个年度对诺基亚来说是重要的转折点。

从 2007 年走下坡路一直到 2011 年出现亏损，其实诺基亚有至少 3 年可以对市场出现的新变化作出反应，然而它一直留恋 Symbian 系统，不推出超级机型，不向横跨软硬件的一体化解决方案过渡，直到 2011 年 2 月才宣布与微软合作开发诺基亚 Lumia Windows Phone。这种对市场上新出

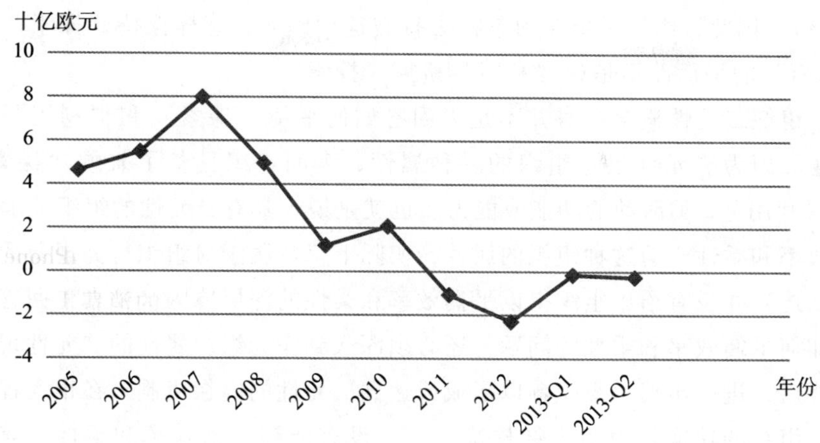

图 1-1 诺基亚 2005—2013 年营业利润示意图

现的技术和用户需求改变而形成的新市场的严重“探索”不足，使得诺基亚没能逃脱被收购的命运。

以诺基亚为代表的很多公司的商业实践表明，组织要想持续地生存或发展，既要拓展现存技术、产品、市场，又要始终保持搜索新技术、新产品、新市场的机会。在稳定的经营环境中，平衡这 2 者的必要性较低，成熟的技术和产品就可以满足消费群体稳定的需求。但全球化的发展，资源流动性的增强，科技发展的增速，消费者偏好的易变，网络等新媒介的普遍，使得原来稳定的经营环境逐渐被破坏，越来越多行业变得非常动荡，利用组织现有知识和学习新知识 2 个方面都受到很大的考验。很多企业已经意识到要适应变化的环境必须坚持“两手抓”。渐进创新和彻底创新、生产效率和柔性、协同和适应、搜索和稳定都是组织二元性研究的内容。

虽然企业管理者和学术研究者都已经意识到了组织二元性的重要性、必要性和紧迫性，但是要平衡甚至结合“探索”和“利用”仍存在重大挑战，因为两者看起来是矛盾的。“探索”具有高不确定性、高失败风险、长期导向、收益大的特点，而“利用”具有低不确定性、低失败风险、短期导向、收益小的特点，两者会竞争企业资源。由于“探索”的结果存在很大的不确定性，而“利用”会比“探索”形成更清晰、更迅速、更准确的反馈，所以成功的组织倾向于减少分配给“探索”的资源，存在重“利用”而轻“探索”的倾向（March，1991；Levinthal & March，

1993）。因此，组织需要学习怎样去打破这种倾向，怎样保持“探索”和“利用”的平衡而不是让“利用”挤掉“探索”。

组织二元性概念本身并不足以回答如何平衡“探索”和“利用”的问题。因为二元性仅是组织的一种属性，表明组织具备了兼顾“探索”和“利用”2类活动的功能或能力。也就是说，具有二元性的组织能够平衡效率和柔性。但这种组织的属性，实际上仍然属于对组织行为现象的归类描述，并没有给出组织得以平衡效率和柔性的深层原因。要真正回答组织如何平衡效率和柔性的问题，还必须深入到作为组织属性的二元性现象的背后，进一步揭示组织赖以形成或达到二元性的内在机制。在很大程度上，组织的功能是由组织结构决定的，没有能够平衡效率和柔性、兼顾“利用”和“探索”的组织结构及组织过程，就不可能形成组织二元性。尤其是考虑到对于效率和柔性、“探索”和“利用”的平衡。本质上是一种战略整合能力，其中更多涉及的是不同管理层次、不同组织资源的分配、整合等。因此不难理解，在动态环境下，构建起能够有效支撑组织二元性的结构基础，才是组织得以平衡效率和柔性、兼顾“探索”和“利用”，进而赢得竞争优势的真正源泉。从这个意义上说，关于组织二元性的结构基础的研究，应该成为研究组织二元性的核心组成部分。

所以，研究如何达到组织二元性或者如何成为具有二元性的组织是目前研究的当务之急，只有研究怎么做能达到组织二元性，才能切实地推动组织二元性领域的研究发展，也才可以为企业提供有价值的指导。目前，关于如何达到组织二元性的研究中存在3个视角，即结构视角、情境视角和顺序视角。结构视角认为，通过组织结构设计将探索性活动和利用性活动分配给不同的组织单元，可使得每个单元最有效地执行它的任务。这样的一种组织结构设计防止了利用性单元的日常操作干涉探索性单元的新生能力，保证了探索性单元能够有自由和弹性来发展新的知识和技术（O'Reilly & Tushman，1996；Benner & Tushman，2003）。通过这种组织结构设计，“探索”和“利用”各自发展，再加上共享愿景、高管团队社会整合、跨功能界面等机制来整合探索性活动和利用性活动（Jansen，Tempelaar，Van den Bosch & Volberda，2009；Burgers & Covin，2014），从而达到组织二元性。情境视角认为，通过建立结合了弹性、规则、支持、信任特征的情境，鼓励并使个人能够自己判断怎样在协同和适应的矛盾需求中分割时间，由此在商业单元层面同时达到协同和适应（Gibson & Birkinshaw, 2004)。顺序视角认为,企业可以在不同的时间段顺序地进行“探索”或“利用”。Brown 和 Eisenhardt(1997)提出公司使用“亚结构”和“有韵律的变换”在“探索”和“利用”的时间段内来回摇晃。Nickerson 和 Zenger(2002)以及 Boumgarden, Nickerson 和 Zenger(2012)将这个过程称为摇晃(vacillation)。

一些学者对情境视角提出质疑,认为主要业务和新业务的竞争需要重大的结构调整和资源的再分配(O'Reilly & Tushman, 2004; Gilbert, 2005)。基层员工对这类决策并没有多大的影响力和话语权,须由董事会、高管团队为新技术或商业模型提供资源和合法性。而且个人在“探索”和“利用”方面都优秀是很具挑战性的(Gupta et al., 2006; Raisch, Birkinshaw, Probst & Tushman, 2009)。还有一些学者对顺序视角提出了自己的看法,认为组织二元性的定义强调“探索”和“利用”的同时追求(Gupta et al., 2006; Raisch & Birkinshaw, 2008),顺序地、间断地“探索”和“利用”并不符合二元性的定义。虽然在理论上公司在“探索”和“利用”的模式中转换很容易,但是在实践中这却不具备可操作性。

结构视角的研究是广泛而深入的,被认为是最有可能达到组织二元性的方法。本书基于结构视角,在以往研究的基础上证实了通过组织结构设计达到组织二元性的想法,进而抓住以往研究的空白,提出除了组织结构设计,公司治理结构也会影响组织二元性。因为组织结构设计是权力(power)的安排和协调,而公司治理结构是对权利(right)的制约和制衡。公司的所有权和控制权在不同权益主体之间的配置和分布不同,拥有决策控制权的各个权益主体必然会运用自己掌握的权利对各类组织行为施加影响,以维护各自的利益(Baysinger & Hoskisson, 1990)。因此,公司治理结构应该对组织二元性行为有着决定性影响,且其影响机制也不同于上述的组织结构设计。为此,本书提出1个全新的理论框架,认为组织二元性存在以下2个结构基础:一是在结构视角下提出了的组织结构;二是在现有研究还未提出的公司治理结构。

因此,我们的研究主要围绕以下4个问题展开:组织二元性在企业中的真实表现如何?组织结构如何对组织二元性产生影响?治理结构如何通过组织二元性影响绩效?组织结构和治理结构对组织二元性是否有共同作用?

鉴于此，本书首先用描述性案例研究挖掘组织二元性这个核心要素，其次用实验研究凸显组织结构设计对“探索”和“利用”的影响，再次使用二手数据对公司治理结构通过组织二元性影响绩效进行探索性研究，最后将组织结构和治理结构结合在一起完成本书的理论框架，即组织二元性的结构基础的验证。

1.2 相关概念和理论基础

组织二元性是本书的研究主题，“探索”和“利用”是研究组织二元性的必要内容，另外本书创新地提出组织二元性的2个结构基础（即组织结构和公司治理结构）。因此，在开展各项正式的研究之前，有必要对上述3个方面的内容涉及的相关概念和理论基础进行简要地介绍。

1.2.1 组织二元性

组织二元性（organizational ambidexterity）是指一个组织既能高效地从事利用性（exploitation）活动（例如，对现有机会、资源和能力的调动、应用及渐进型创新等），又能积极地从事各种探索性（exploration）活动（例如，对新的机会、资源和能力的学习、开发及根本型创新等）。在复杂而剧变的动态环境下，组织面临着效率和柔性的双重挑战。没有效率，组织无法生存；没有柔性，组织又无法适应快速变化的环境从而实现可持续成长。但效率和柔性存在着潜在冲突。效率要求连续和稳定，容易产生惰性；而柔性则要求跨越和变革，又带来很大的不确定性。如何在同一个组织中实现效率和柔性的平衡，几乎已成为动态环境下所有组织都必须面对的问题。正是在这样的背景下，具有二元性、从而能够平衡效率和柔性的组织才引发了人们的广泛兴趣。

二元性（ambidexterity）这个词来自拉丁文 ambos（意同 both）和 dexter（意同 right）。因此，二元性可以直译为两边都是右。Duncan（1976）首次使用 ambidexterity 这个单词，但是直到 March（1991）提出

"探索"和"利用"的框架之后，组织二元性才开始成为研究热点。关于组织二元性有很多实证研究（Nosella, Cantarello & Filippini, 2012）、理论文章（O'Reilly & Tushman, 2008; Simsek, Heavey, Veiga & Souder, 2009）、期刊的特刊（*Academy of Management*, August, 2006; *Organization Science*, July - August, 2009）、综述文章（Raisch & Birkinshaw, 2008; Lavie, Stettner & Tushman, 2010; O'Reilly & Tushman, 2013），还有很多基于此的专业会议。

当调查了一些公司长期的生存之道和发展规律后，O'Reilly 和 Tushman（1996）提出，公司需要同时"探索"和"利用"，变得二元。这种观察导致很多的实证研究开始探索"二元性是否如理论所说与组织绩效和生存相关""二元性怎样实现以及是否如最初提出时所说，通过空间分隔的单元或者通过其他途径实现""在哪些条件下二元性最有用"等。理论基础也使用了诸如吸收能力（Jansen, Van Den Bosch & Volberda, 2005; Rothaermel & Alexandre, 2009）、动态能力（O'Reilly & Tushman, 2008; Taylor & Helfat, 2009）、组织学习（McGrath, 2001; Holmqvist, 2004; Kang & Snell, 2009）等。

在涉及组织二元性的文献中，对其主要可以分为二元的组织（ambidexterious organization）和组织二元性（organization ambidexterity）两类表述。二元的组织专注于组织"探索"和"利用"的成果，即组织实际达到高水平的"探索"和"利用"时的状态。O'Reilly 和 Tushman（1996）认为，具有二元性的组织能够同时执行逐步的和彻底性的改变。He 和 Wong（2004）将在开发的战略和"探索"的战略中都得高分的组织操作划分为二元的组织。O'Reilly 和 Tushman（2004）认为，具有二元性的组织能够通过整合"探索"和开发部门的工作而成功地追求不协调的创新。而对组织二元性的定义则主要将组织二元性视为一种组织能力。Gibson 和 Birkinshaw（2004）从情境的角度说明二元性是组织在单个商业单元中同时达到协同和适应的组织能力。组织二元性被定义为一种能够有效满足当前市场需求同时适应环境变化的组织能力（Raisch & Birkinshaw, 2008）。组织二元性是公司或者业务部门结合"探索"和"利用"相关活动的能力，是一种组织层面上的动态能力（Jansen et al., 2009）。组织二元性的研究变得越来越广泛，涵盖了组织学习、技术创新、组织适应、战略管理、组织设计、竞争优势和组织生存等领域。有些学者评价组织二元性已经成为组织理论中的一种研究范式（Raisch & Birkinshaw，2008；魏江，刘洋和应瑛，2011）。

怎样可以达到组织二元性或者说组织二元性的前因研究，主要可以分为结构视角、情境视角和顺序视角 3 种。

第一种是结构视角，即组织结构分隔（structural differentiation）。该视角是将不同的组织任务分配到不同的单元中去，能够帮助二元性的组织保持满足多样的矛盾需求的能力（Gilbert，2005）。它防止了利用性单元的日常操作干涉探索性单元的新生能力，因此，保证了探索性单元能够有自由和弹性来发展新的知识和技术。利用性单元专注于当前的主营业务，而探索性单元专注于开发新产品、拓展新市场等风险活动，这样的一种组织结构安排方式使得组织能够达到二元性。尽管将“探索”的活动和“利用”的活动从结构上分隔开对减少资源和惯例的刚性很重要，但是学者们也提出二元性的组织也需要推动两者的合作。O'Reilly 和 Tushman（1996）强调使用大量的决策去中心化来保留灵活的自治团队结构，但是他们另外也考虑通过个人责任、信息共享、强健的财务控制、浓厚的共享公司文化等整合各个商业单元的工作。Jansen 等（2009）研究了组织结构分隔怎样通过正式和非正式的高管团队整合机制和组织整合机制影响二元性。一般认为，高管团队需要负责完成整合任务，因为二元性的管理者能够处理矛盾，能够从事矛盾的思考，能够执行多任务，能够提炼并更新专业知识和技巧（Floyd & Lane，2000；Smith & Tushman，2005；Mom，Van den Bosch & Volberda，2009）。

第二种是情境视角。情境组织二元性被定义为在商业单元层面同时达到协同（alignment）和适应（adaptability）的能力（Gibson & Birkinshaw，2004），通过建立结合了弹性（stretch）、规则（discipline）、支持（support）、信任（trust）特征的情境，鼓励并使个人能够独立判断怎样在协同和适应的矛盾需求中分割时间。当情境二元性实现时，商业单元中的每一名员工既能够给现存的顾客输送价值，又能够随任务环境变化而变化。Gibson 和 Birkinshaw（2004）认为，情境视角可能是比结构视角更可持续的模型，因为它推动了整个商业单元的适应，而不仅仅是通过分离的单元（或者功能）负责新的商业发展。同时，它也避免了子单元间的合作问题。

第三种是顺序视角。沿着 Brown 和 Eisenhardt（1997）以及 Zollo 和 Winter（2002）的研究，顺序视角的研究将组织二元性定义为“探索”

和“利用”在时间步调上沿前后顺序化进行。这个定义和动态能力视角相一致，需要组织有2种时间导向——现在和将来（Brown & Eisenhardt，1997）。Brown和Eisenhardt（1997）提出，公司使用“亚结构”和“有韵律的变换”在“探索”和“利用”的时间段内来回摇晃。Nickerson和Zenger（2002）以及Boumgarden等（2012）将这个过程称为摇晃，并以福特和惠普作为使用这种方法的案例，认为公司能够更容易地在正式结构之间变换，而不是转变公司文化和非正式组织。Siggelkow和Levinthal（2003）的仿真研究也认为，通过组织结构的顺序变化提高临时的去中心化水平是一个有效地平衡“探索”和“利用”的方法。顺序视角是在时间 $t-1$ 时的“探索”和在时间 t 时的“利用”的共同效应（Tushman & Romanelli，1985；Burgelman，2002；Gupta et al.，2006）。

1.2.2 “探索”和“利用”

“探索”包括搜索、变化、承担风险、实验、玩、柔性、发现、创新等带来的东西。“利用”则是精炼、选择、生产、效率、筛选、执行等带来的东西（March，1991）。表1－2展示了“探索”和“利用”的对比。

表1－2　“探索”和“利用”的对比

区别	“利用”	“探索”
战略意图	成本，利润	创新，增长
关键任务	运营、效率、渐进型创新	适应、新产品、突破型创新
能力	运营	创业
结构	正式的，机械的	适应性的，松散的
控制、奖励	利润，生产力	里程碑，增长
文化	效率、低风险、质量、顾客	风险承担、速度、柔性、实验
领导角色	权威型，从上往下的	愿景型，参与

“探索”的成功要素是长期观、自主、柔性、承担风险、更少正式的系统和控制。“利用”的成功要素是一种短期观、效率、规则、连续提高和不断的创新。执行“利用”战略需要的能力、系统、结构、文化等的协同和执行“探索”战略需要的协同是完全不同的。

March对“探索”和“利用”的定义是非常广泛的，虽然March注重的是在组织学习中“探索”新的可能性和“利用”旧的确定性之间的关系，但是“探索”和“利用”被学者们运用到技术创新、组织设计、组织适应、组织学习、竞争优势和组织生存等领域，代表两种看起来矛盾的、不能共存的东西，包括生产效率和柔性（Carlsson，1989；Adler，Goldoftas & Levine，1999），差异化和低成本战略定位（Porter，1980，1996），渐进创新和彻底创新（Benner & Tushman，2003；Lin，McDonough，Lin & Lin，2013），协同和适应（Gibson & Birkinshaw，2004），“探索”的创新战略和“利用”的创新战略（He & Wong，2004），搜索和稳定（Rivkin & Siggelkow，2003；Siggelkow & Levinthal，2003，2005；Siggelkow & Rivkin，2005），战略导向中的利润导向和突破导向（Andriopoulos & Lewis，2009）等。“探索”和“利用”作为2种看起来矛盾的、相反的、不能共存的事物的代名词，已经在各个研究领域被广泛应用。

组织二元性中的“探索”和“利用”是正交的（orthogonal）还是取舍的（tradeoff）呢？March（1991）认为，“探索”和“利用”对组织都是必要的，但是它们互相竞争稀缺资源。所以，组织需要在两者之间作出选择。这种取舍的观点认为，“探索”和“利用”这2种活动是1个连续谱上的两端（Auh & Menguc，2005；Lavie & Rosenkopf，2006；Uotila，Maula，Keil & Zahra，2009）。对于矛盾的两者是否能在组织中共存，Porter（1996）认为，低成本和差异化的定位之间的取舍是不可逾越的，制造的效率和柔性之间的取舍被视为制造过程固有的（Ghemawat & Ricart I. Costa，1993）。因此，组织不得不作出明确的选择。Uotila等（2009）的实证研究发现探索导向的相对值和财务绩效之间存在倒U形的关系，即“探索”和“利用”可以共存，但是两者的比例存在1个最佳点。

但是，更多学者认为，“探索”和“利用”是正交的（Katila & Ahuja，2002；Nerkar，2003；He & Wong，2004；Jansen，Van den Bosch & Volberda，2006；Lubatkin et al.，2006），组织能够同时达到高水平的“探索”和“利用”。这种正交的观点体现为在操作中将“探索”和“利用”相乘（He & Wong 2004；Gibson & Birkinshaw，2004；Gedajlovic，Cao & Zhang，2012）或相加（Lubatkin et al.，2006；Jansen et al.，2009）。Cao，Gedajlovic和Zhang（2009）将二元性这个构念分解为2个维度，即平衡维度和结合维度。平衡维度的操作是将“探索”和“利用”的得分相减，得到上述取舍的观点下“探索”和“利用”的平衡；结合维度的操作是将“探索”和“利用”的得分相乘，就得到正交观点下“探索”和“利用”之间的互相支持和补充。同时，追求“探索”和“利用”的资源越稀缺，两者互斥的可能性越大：在单一领域中，“探索”和“利用”基本上是互斥的；在松散耦合的领域中，“探索”和“利用”一般是正交的，因为一个领域高水平的“探索”或者“利用”可以跟另一个领域高水平的“探索”或“利用”共存（Gupta et al.，2006）。

1.2.3 组织结构和公司治理结构

公司治理结构是一种有关公司董事会的结构、功能及股东权利等方面的制度安排（Blair, 1995），是联系并规范股东、董事会、高级管理人员权利和义务分配以及与此有关的聘选、监督、激励等问题的制度框架（Jensen & Meckling, 1976; Fama & Jensen, 1983）。组织结构是企业内部各个层级之间对于工作任务的分工、分组和协调合作（Mintzberg, 1979; Robbins, 1996）。从图1－2可以清晰地看到两者涉及不同的主体。

Tricker最早在他撰写的《公司治理》中对公司治理结构和组织结构进行区分，明确提出了两者的区别：组织结构涉及的是在公司边界内的业务（例如生产、营销、人事等）；公司治理涉及的是关于公司边界外董事会怎样全面指导企业、监督和控制管理部门的行为，满足公司外不同利益集团的预期。Dayton（1984）认为，公司治理结构和组织结构是1枚硬币的两面，谁也不能脱离谁。

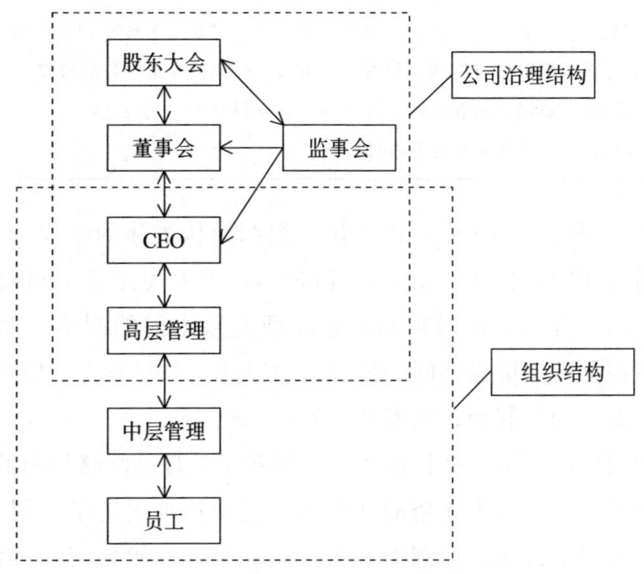

图1－2 公司治理结构和组织结构涉及的不同主体

公司治理结构和组织结构不仅涉及不同的主体，而且它们在功能、角度、理论、对象和关键因素等方面也是不同的（如表1－3所示）。

表1－3　公司治理结构和组织结构的对比

	公司治理结构	组织结构
定义	公司治理结构是一种据以对公司进行管理和控制的体系，它包括公司经理层、董事会、股东和其他利益相关者的一整套关系（OECD，2005），是这些主体间权力、责任和利益的制度安排（Blair，1995）	组织结构是指对于工作任务的分工、分组和协调合作（Mintzberg，1979；Robbins，1996）
功能	确定公司的目标、企业发展的方向以及实现这些目标的方式并监督实施	把实现企业目标所要求的任务通过组织规范的形式层层分解，以保证企业目标的落实和实现
角度	激励与约束的角度	分工与协作的角度
理论	委托—代理理论	目标—手段链
对象	明确划分股东、董事会和经理人各自的权力、责任和利益，形成三者之间的制衡	企业内部各层级之间
关键因素	公司治理结构是一种契约性制度安排。它涉及公司股东会、董事会、监事会和经营者阶层，其核心是合理配置公司控制权和剩余索取权。公司治理结构是协调公司有关利益各方的一整套科学有效的内部权力分配和制衡机制	工作专门化、部门化、命令链、控制跨度、集权与分权、正规化

从图1－2和表1－3中可以看出，组织结构关注的是权力（power），而治理结构关注的是权利（right）。治理结构主要关注各个利益主体（主要是委托人和代理人，即股东和职业经理人）之间的制衡。而组织结构是经理人对各个管理层级之间的协调。组织结构是对权力的协调，治理结构是对权、责、利的制衡，两者缺一不可。

公司治理结构和组织结构的主要区别在于治理是战略导向的，而组织结构是任务导向的。用更通俗的话来说，公司治理决定了公司到哪里去，而组织结构决定了公司怎样到那儿去（高明华，2009）。公司治理结构和组织结构又是紧密相连的2个方面。公司缺乏良好的治理模式，就算有很好的组织结构，也会在市场的洪流中迷失；而仅有如宏伟蓝图般的公司治理，没有组织结构落实目标，则只会停留在美好愿景中。通常，公司治理结构是通过影响公司的组织结构和管理系统达到间接影响公司管理运作和提高公司效率与效益的目的。鉴于两者之间的交叉关系，本书认为应该将公司治理结构与组织结构综合起来加以研究。

从另一个角度来说，结构的本质就是规则（Rindova & Kotha，2001；Zott，2003；Davis，Eisenhardt & Bingham，2009）。治理规则是原则性规则（或决策准则），管理规则是操作性规则，只有在原则性规则已经被保证了的情况下，去讨论操作性规则才有意义。这就是为什么作者引出治理结构的原因。

1.3 研究内容、设计及方法

1.3.1 研究内容

围绕着“组织二元性的结构基础”这一研究主题，本书拟在文献回顾和述评的基础上，逐步展开以下4个相互关联、逻辑递进的子研究。

1. 子研究一：组织二元性的描述性案例研究

这项子研究主要运用案例研究方法开展。案例研究方法可以分为探索性案例研究、描述性案例研究和解释性案例研究3种。探索性案例研究，是指当研究者对将要研究的问题不是很了解或需要判断研究方案的可行性时进行的初步研究。描述性案例研究，是指研究者对研究现象的性质与研究问题已有初步认识，为了提升对研究问题的进一步认识而进行的对研究现象更仔细、更完整的描述。解释性案例侧重于分析现象发生的前后联系和因果关系，具有验证理论假设的作用。组织二元性的理论研究已初步形成，但它包含的内容很广，在技术创新、组织设计、组织适应、组织学习、竞争优势和组织生存等领域都有所涉及，可谓纷繁复杂。针对这种情况，在展开进一步的实证研究之前，有必要刻画组织二元性在企业中的真实状态。所以，子研究一将从技术创新角度出发对组织二元性进行描述刻画，是一项描述性案例研究。

2. 子研究二：组织结构分隔对“探索”和“利用”影响的实验研究

根据本书的理论框架，组织二元性的第一个结构基础是基于以往文献提出的组织结构分隔。组织结构分隔是一种组织结构设计、安排，即将探索性部门和利用性部门分隔开，探索性部门独立于公司主营业务的利用性部门，允许探索性部门存在和利用性部门完全不同的结构、流程、文化等。这样的一种组织结构安排能够保证探索性部门和利用性部门不相互干扰，探索性部门专心从事探索性任务，而利用性部门也专心从事利用性任务，两者各司其职。由此，组织既能保证主营业务的“利用”，也能保持对新技术、新客户的开发探索。子研究二使用不同的被试分组操纵不同水平的组织结构分隔。

本书作者在 Aggarwal 和 Woolley（2013）的研究基础上设计了由 OpenGL 编程的单机版走迷宫和点物体的双重实验任务，并有针对性地在不同类型的被试分组模拟组织结构分隔的不同水平，让不同的小组分别进行实验，以检验组织结构分隔对“探索”“利用”以及“探索”和“利用”的结合效应的作用。实验结果支持了组织结构分隔对“探索”及“探索”和“利用”的结合效应的显著影响，为之后的实证研究假设提供了参考依据。

3. 子研究三：公司治理结构、组织二元性与企业长期绩效、短期绩效的面板数据研究

本书提出组织二元性的第二个结构基础是公司治理结构。这项研究填补了以往研究的空白。现存的关于“结构影响组织二元性”的研究中，结构指的是组织结构，而不是治理结构。针对已有关于组织二元性前因研究中忽略公司治理结构影响的不足，子研究三考察了公司治理通过组织二元性提升短期绩效和长期绩效的机制。子研究三中的公司治理结构具体是指监督和激励，组织二元性具体是指“探索”和“利用”的平衡效应和结合效应，长期绩效和短期绩效分别是 ROA 和托宾 Q。组织二元性在公司治理结构和长期绩效、短期绩效之间起到中介作用。

本书作者搜集了 2006—2011 年中国和美国典型上市公司面板数据进行分析，自变量的数据选自 2006—2010 年，中介变量和因变量的数据采集期滞后 1 年（为 2007—2011 年）。美国上市公司样本有 166 个，中国上市公司样本有 102 个。样本数据的实证研究将会拓展关于组织二元性前因的研究，同时也提供了中国和美国上市公司行为差异的对比分析。实验结果证明了公司治理结构确实会通过组织二元性影响长期绩效和短期绩效，为本书提出的组织二元性有 2 个结构基础的理论框架提供了支持，也为子研究四奠定了基础。

4. 子研究四：组织二元性的结构基础——组织结构分隔与公司治理结构

本书提出关于组织二元性结构基础的理论框架，前 3 项子研究分别呈现了该理论框架的不同侧面。其中，子研究一对组织二元性本身内涵在企业中的体现做了阐述；子研究二用 1 个实验研究探究了组织二元性的第一个结构基础，即组织结构分隔；子研究三填补了以往研究的空白，提出了公司治理结构是组织二元性的第二个结构基础。事实上，尽管上述这 3 项子研究对整体理论框架的概念构建和理论演绎都作出了贡献，但是由于侧重点的不同，它们只是分别分析并检验了组织二元性的 2 个结构基础。同时，组织结构分隔对“探索”“利用”以及“探索”和“利用”的结合效应的影响采用的实验研究方法，具有较高的内部效度，但是外部效度较低。为了能够整合 2 个结构基础，并且实证检验组织结构分隔的作用，需要开展进一步的实证研究工作。

因此，子研究四在子研究三的面板数据基础上，将组织结构和治理结构整合起来，探讨两者对组织二元性的共同作用。实证结果证明，组织结构分隔和公司治理结构会通过组织二元性的平衡效应对绩效起到正向作用，为本书提出的组织二元性的 2 个结构基础框架提供了坚实的支持。

1.3.2　研究框架

图 1－3 概括性地呈现了本书各个章节的结构安排以及相互之间的层层递进关系。

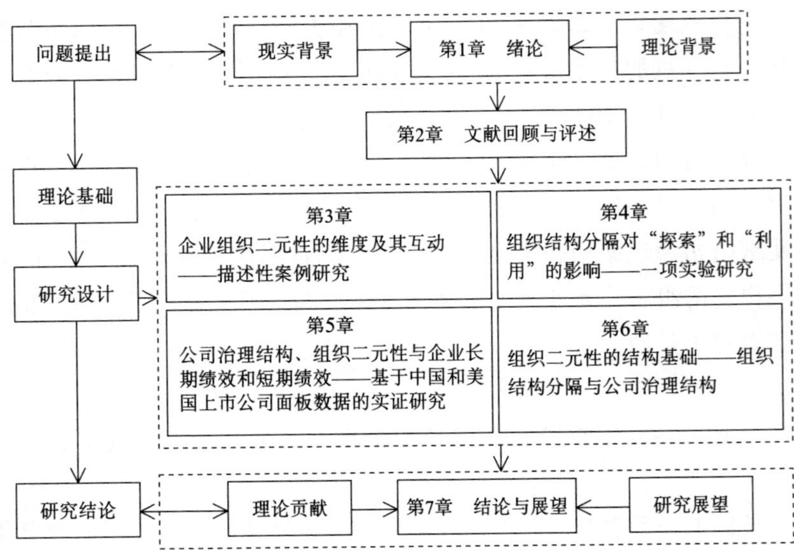

图 1－3 本书的研究框架

图 1－4 则呈现了本书各个章节的主要内容与拟解决的问题。

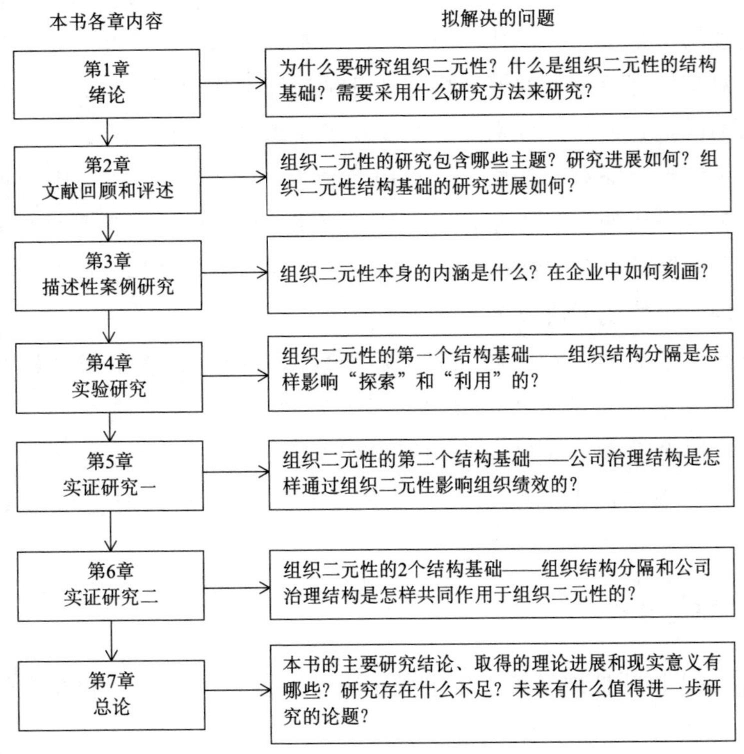

图 1－4 本书各章内容和拟解决的问题

1.3.3　研究方法

在研究过程中，本书主要运用了以下几种研究方法。

1. 文献归纳方法

文献归纳旨在为各项研究提供研究线索。本书通过对组织二元性、组织结构和公司治理结构 3 个方面研究主题的梳理，明确了需要重点关注的与组织二元性及其结构基础有关的核心变量，并围绕这些核心变量提出了本书的理论框架和研究模型。

2. 案例分析方法

子研究一使用描述性案例研究的方法，旨在寻找和观察理论演绎的内容在现实企业中的真实呈现，即探讨组织二元性的基本维度——产品探索、产品利用、市场探索、市场利用及四者的互动。为了深入挖掘组织二元性的内涵维度，对 1 家有典型代表意义的企业较长时间段内的情况开展调研，从不同来源搜集企业产品和市场方面的纵向资料并对其进行深入分析和讨论，在完善本书的理论框架的同时，也更具有实践指导意义。

3. 实验研究方法

为了保证能够检测自变量和因变量之间的因果关系，子研究二采用实验研究的方法，对实验过程和因素进行有效控制，尽量排除其他因素的干扰，凸显意欲研究的变量的因果关系。子研究二设计了双重实验任务，用 1 个改编的游戏模拟探索性活动和利用性活动同时进行的情况，将被试按照物体视觉者和空间视觉者的不同认知风格分成双高型、双低型、空间型、物体型 4 类并将其两两匹配，分为不同小组进行双人合作，检验组织结构分隔对“探索”和“利用”的影响。

4. 统计分析方法

子研究三和子研究四主要是通过统计分析方法来验证本书提出的实证研究模型。这 2 项子研究采用了兼具时间序列和横截面特征的面板数据，面板数据能够同时反映研究对象在时序和截面 2 个方向上的变异。在检验了数据的自相关和异方差之后，选择广义最小二乘法（FGLS）进行统计分析，检验实证研究的研究假设。

由此，本书具有理论与实验研究和实证研究相互印证、定性与定量方法相互辅助的特点。各项研究的技术路线如图 1－5 所示。

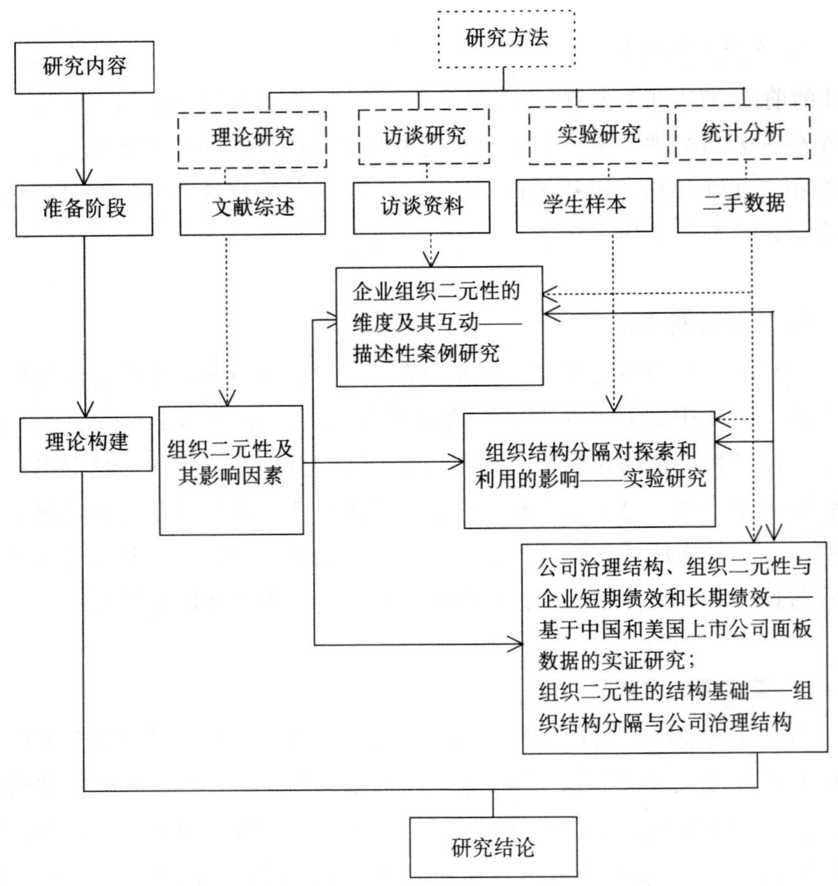

图 1－5　本书的技术路线图

1.4 研究可能的创新点

本书在研究过程中的创新之处主要体现在以下几个方面。

首先，在研究选题方面，本书聚焦于如何实现组织二元性以维持企业长期、持续的生存和发展这一企业在日益动荡的环境中碰到的越来越重要的问题，致力于揭示实现组织二元性的结构基础。针对研究选题，作者在文献回顾的基础上寻找以往关于企业组织二元性的研究中一些尚不成熟或尚未受到关注的理论观点，重点探讨关于如何实现组织二元性，即组织二元性的前因研究。在组织二元性的前因研究中，最具讨论意义的就是结构视角的研究，因为对于结构视角的研究还存在一些研究空白。通过对以往研究的回顾和对理论空白的填补，本书能够以更为新颖并且更为全面的研究视角整合关于组织二元性结构基础的相关理论。

其次，在理论建构方面，本书在回顾了组织二元性的研究成果的基础上，发现了以往研究尚未涉及的地方，提出了组织二元性的结构基础的研究框架。具体来说，作者认为组织二元性存在 2 个结构基础，除了以往研究中一直强调的组织结构分隔以外，还有公司治理结构。组织结构分隔通过将探索性部门和利用性部门进行空间上的分隔，保证探索性部门有自由从事收益不确定的探索性活动，而不是被主流的利用性部门扼杀。这样的组织结构安排一方面能够保证“利用”，另一方面又能促进“探索”。另外，公司治理结构通过董事会的监督和 CEO 的报酬激励减少代理问题，使得经营者选择对公司有利的决策和行为，正向影响“探索”和“利用”的平衡效应和结合效应，进而影响公司长期绩效和短期绩效。这 2 种结构基础通过不同的路径促进组织二元性，这一理论框架和相应的研究假设具有较强的创新性和理论指导意义。

再次，在研究方法方面，本书在文献回顾与评述的基础上进行了描述性案例研究，梳理了组织二元性在企业中的内涵。为了凸显组织结构分隔的作用，本书采用了实验研究的方法。通过实验研究可以对实验过程和因素进行有效控制，排除其他因素的干扰。本书创新地用不同的实验分组操作不同水平的组织结构分隔，并且设计了双重实验任务，模拟公司中探索性活动和利用性活动同时进行的情况。在实证检验阶段，本书没有使用问卷调查法。因为问卷调查法具有数据截面化、主观性强、题项表述模糊等缺点，而选择采用具有数据长期、客观精确优点的面板数据。本书在学术研究全球化的背景下，收集了中国和美国上市公司的二手数据。

最后，在研究结论方面，本书经过一项案例研究，说明了组织二元性在企业中是以技术和市场 2 个方面的“探索”和“利用”生动地刻画出来的。接下来的2项子研究分别探讨了本书提出的组织二元性的2种结构基础：实验研究通过一个双重任务同时模拟组织中探索性任务和利用性任务进行的情况。在实验研究中，可以在控制其他因素影响的前提下，通过实验分组验证组织结构分隔对“探索”“利用”以及“探索”和“利用”的结合效应的作用。实证研究通过搜集中国和美国两国上市公司的二手数据，提出公司治理机制的监督和激励通过影响CEO行为从而影响“探索”和“利用”的平衡效应和结合效应，再通过这2种效应影响公司的长期绩效和短期绩效。有了这2项子研究的铺垫，本书提出了子研究四的实证理论模型。这2种结构基础共同对组织二元性产生影响，为本书的理论模型提供坚实的支持。这些研究发现具有一定的理论意义和实践启示。

第 2 章

文献回顾与评述

本章将首先回顾有关组织二元性的重要研究，即组织二元性的内涵及其应用、组织二元性的结构基础、组织二元性的其他影响因素以及组织二元性与绩效之间的关系。其次，本章分别梳理了组织二元性的 2 个结构基础——组织结构和治理结构的研究。在组织结构中，主要回顾了组织结构分隔这一种特殊的组织结构设计。在公司治理结构中，主要关注监督和激励这 2 个减少代理成本的机制。

2.1 组织二元性研究综述

事实上，组织二元性这一主题的研究大致聚焦于以下 3 个方面（如图 2－1 所示）：第一，组织二元性本身内涵的研究，主要关于“探索”和“利用”的二分框架及其在不同研究领域的应用；第二，组织二元性的前因研究，即关于企业怎样做才能达到二元组织状态，主要分为 3 个视角，即结构视角、情境视角和顺序视角；第三，组织二元性与绩效之间的关系研究，主要集中于组织二元性是否能够促进组织绩效的提高。本章也将根据这些研究论题依次予以回顾和评述。

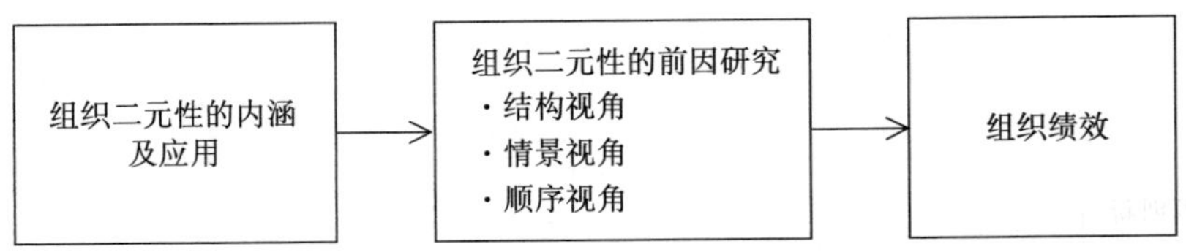

图 2-1 组织二元性的相关研究

2.1.1 组织二元性的内涵及应用

组织二元性，是指一个组织兼具“探索”和“利用”的能力，组织能够在成熟的技术和市场中竞争，也能够在新技术和新市场中竞争，前者需要效率、控制和渐进的提高，后者则需要弹性、自治、实验和重大的突破。在 March（1991）提出“探索”和“利用”的框架后，组织二元性开始受到关注。1996 年，O'Reilly 和 Tushman 提出组织二元性——被定义为同时追求渐进的和不连续创新的能力，是在同一个公司内保持有矛盾的结构、过程和文化——是公司长期生存的要求。从那个时候起，组织二元性就成为了研究热点。随着组织二元性的研究变得越来越广泛，“探索”和“利用”的框架越来越多地出现在了组织学习、技术创新、组织适应、战略管理、组织设计等领域的组织研究中（如表 2-1 所示）。学者们也越来越倾向于认为组织二元性是组织理论中的一种新的研究范式（Raisch & Birkinshaw, 2008）。

表 2-1 组织二元性在不同领域的研究

领域	起源	关键作者和主要观点
组织学习	March（1991）	失败陷阱和成功陷阱（Levinthal & March, 1993）； 本地搜索和长距跳跃（Levinthal, 1997）； 知识搜索、知识创造、知识分享（Katila & Ahuja, 2002; Nerkar, 2003; Sidhu, Commandeur & Volberda, 2007; Im & Rai, 2008）； 管理者自上而下、自下而上和水平的知识流（Mom, Van Den Bosch & Volberda, 2007）

续表

领域	起源	关键作者和主要观点
技术创新	Duncan (1976)	渐进型创新和突破型创新 (Abernathy & Clark, 1985; Dewar & Dutton, 1986; Tushman & Anderson, 1986; Lin et al., 2013); 探索性创新和利用性创新 (Tushman & Smith, 2002; Danneels, 2002; Benner & Tushman, 2002, 2003; Holmqvist, 2004; Smith & Tushman, 2005; Atuahene - Gima, 2005; Jansen et al., 2006; Alexiev, Jansen, Van den Bosch & Volberda, 2010)
组织适应	O'Reilly 和 Tushman (1996)	USA Today 和 Ciba Vision 达到二元性状态的适应过程 (O'Reilly & Tushman, 2004); NUMMI 的效率和柔性 (Adler et al., 1999)
战略管理	Burgelman (1991)	探索创新战略和利用创新战略 (He & Wong, 2004; Lubatkin et al., 2006; Gedajlovic et al., 2012; Jansen, Simsek & Cao, 2012; Heavey & Simsek, 2014); 市场探索战略和市场利用战略 (Kyriakopoulos & Moorman, 2004); 组织二元性是一种动态能力 (O'Reilly & Tushman, 2008); 探索导向的相对值 (Uotila et al., 2009); 产品二元性和市场二元性 (Voss & Voss, 2013)
组织设计	Burns 和 Stalker (1961)	组织情境 (Gibson & Birkinshaw, 2004; Hill & Birkinshaw, 2014; De Clercq, Thongpapanl & Dimov, 2014); 动态组织结构 (Siggelkow & Levinthal, 2003, 2005); 组织结构分隔 (Jansen et al., 2009; Burgers & Covin, 2014); 亚分离的子团体 (Fang, Lee & Schilling, 2010)

组织二元性的研究扩展到不同领域（如表2－1所示），学者们对March提出的“探索”和“利用”的框架给出了不同的解读。在表2－2中列出了一些代表性作者，他们对“探索”和“利用”的称谓不同，对其内涵的解读也各不一样，采用的研究方法包括问卷研究、二手数据研究、案例研究、仿真研究等（如表2－2所示）。

表 2-2　不同领域学者对“探索”和“利用”的内容解读

作者	“探索”或“利用”	内涵	具体方法（问卷列出题项）
He 和 Wong（2004）	探索创新战略	旨在进入新产品—新市场领域的技术创新活动	（1）引入新一代产品； （2）扩展产品范围； （3）开启新市场； （4）进入新的技术领域
	利用创新战略	旨在提高现存产品—市场地位的技术创新活动	（1）提高现存产品质量； （2）提高产品柔性； （3）降低生产成本； （4）提高产量或者减少材料消耗
Gibson 和 Birkinshaw（2004）	适应	快速重构商业单元活动，满足任务环境中变化的需求的能力	（1）这个组织内的管理系统鼓励人们挑战过时的传统、实践以及神圣不可侵犯的东西； （2）这个组织内的管理系统足够柔性使得我们快速回应我们市场中的变化； （3）这个组织内的管理系统快速进化以回应我们商业首要的变化
	协同	在商业单元中所有活动模式的一致性	（1）这个组织内的管理系统协同地工作来支持组织的整体目标； （2）这个组织内的管理系统使得我们在没有产出的活动中浪费资源（反）； （3）组织内的成员常常跨目标工作因为我们的管理系统给他们矛盾的目标（反）
Lubatkin 等（2006）	探索导向	远离公司现存的技术或产品轨道以及现存的顾客或市场细分	（1）通过跳出框框思考来寻找新奇的技术想法； （2）成功是基于探索新技术的能力； （3）创造对公司来说是创新的产品或服务； （4）寻找创新的方法来满足顾客需求； （5）积极地进入新市场细分； （6）积极地瞄准新的客户组
	利用导向	邻近公司现存的技术或产品轨道以及现存的顾客或市场细分	（1）承诺提高质量和减低成本； （2）持续地提高产品和服务的可靠性； （3）增加操作的自动水平； （4）持续地调查现存顾客的满意度； （5）调整产品和服务来保持现存顾客满意； （6）更深入地开发现存的顾客群

续表

作者	"探索"或"利用"	内涵	具体方法（问卷列出题项）
Adler 等（1999）	柔性和效率	柔性体现在 NUMMI 的操作、战略中；效率通过实际日产量和计划产量的比来衡量	对 NUMMI 的案例研究
Uotila 等（2009）	探索导向；利用导向	公司商业活动中"探索"和"利用"的相对数量	根据"探索""利用"的词根对 Factiva 数据库中发表的新闻报道的文字资料进行内容分析
Jansen 等（2006）	探索创新	商业单元远离现存知识，为新兴客户或新兴市场创新	（1）我们的单元接受超过现存产品和服务的需求； （2）我们发明新的产品和服务； （3）我们在本地市场中实验新的产品和服务； （4）我们商业化那些对我们单元来说完全新的产品和服务； （5）我们经常利用新市场中的新机会； （6）我们单元规律地使用新的营销渠道
	利用创新	商业单元邻近现存知识和满足现存顾客的需求	（1）我们经常精炼现存的产品和服务； （2）我们规律地对现存产品和服务执行微小调整； （3）我们为本地市场引入提高的但是现存的产品和服务； （4）我们提高产品和服务的效率； （5）我们增加现存市场的规模经济； （6）我们单元为现存顾客扩展服务
Andriopoulos 和 Lewis（2009）	利润战略导向和突破战略导向	利润战略导向主要指重复顾客和效率的价值；突破战略导向主要指在搜索机会时承担风险，增加公司声誉和适应性	对 5 个大型的引领行业产品设计的二元性的公司进行大于 4 年的数据搜集
Rivkin 和 Siggelkow（2003）；Siggelkow 和 Levinthal（2003，2005）	搜索和稳定	搜索周围绩效更好的点；稳定在周围绩效最好的点即关键点（sticking point）	仿真模型

注：表中标注"（反）"的条目表示这个题项采用反向计分方式。

“探索”和“利用”的二分框架非常容易用来代表2个相反的事物，所以这个二分框架被应用到各种研究中，使得组织二元性的研究产生了很多很新颖的应用研究（Yamakawa, Yang & Lin, 2011; Nielsen & Gudergan, 2012; Eriksson, 2013; Stettner & Lavie, 2014; Salvador, Chandrasekaran & Sohail, 2014）。例如，公司对外部技术的应用、公司合并、公司联盟等。表2-3所示的是部分代表性的组织二元性的应用研究。

表2-3 部分组织二元性的应用研究

作者	应用领域	具体描述
Rothaermel 和 Alexandre（2009）	公司的技术来源战略	技术来源的二元性不仅要求成功地平衡“探索”和“利用”（已知的和新的技术来源），而且要求成功地平衡内部和外部的技术来源
Groysberg 和 Lee（2009）	在新公司从事探索角色或利用角色的明星证券分析师的绩效分析	如果分析师被雇用到公司已经覆盖的部门工作，就是“利用”角色的雇用；如果分析师被雇用到公司先前没有覆盖的新部门，就是“探索”角色的雇用
Phene, Tallman 和 Almeida（2012）	公司合并	合并者的“探索”，是指在合并后合并者变换到目标公司的核心技术领域； 合并者的“利用”，是指在合并后合并者依然在自己的核心技术领域
Bierly, Damanpour 和 Santoro（2009）	外部知识应用	外部知识应用的“探索”：将外部知识应用到生产新的产品和技术； 外部知识应用的“利用”：将外部知识应用到精炼组织现存的产品和提高它的过程
Tiwana（2008）	联盟二元性	协同维度衡量创新项目在面对新业务要求时，怎样保证完成时间、预算、功能、目标和商业需求； 适应维度衡量项目联盟怎样成功地管理范围的变化，解决出乎意料的问题，面对忽然出现的要求形成一个相对稳定的系统

续表

作者	应用领域	具体描述
Rothaermel 和 Deeds（2004）；Park，Chen 和 Gallagher（2002）	探索联盟和利用联盟	公司进入探索联盟是为了和联盟伙伴一起发现新事物；公司进入利用联盟是为了增加生产率，提高和精炼现存的技术和能力。（生物技术公司聚焦在基础研究、药物发现和发展的联盟是探索联盟，而与商业化有关的例如临床实验、FDA 规则过程、营销和销售等是利用联盟）
Lavie 和 Rosenkopf（2006）；Lavie，Kang 和 Rosenkopf（2011）	公司联盟关系中的功能领域、结构领域、特征领域	功能领域中，知识形成的 R&D 联盟为探索联盟，知识利用的市场联盟为利用联盟； 结构领域中，结构探索是指一个公司和之前没有联系的伙伴形成联盟的决策； 特征领域中，特征探索是指一个公司跟和它之前的伙伴的组织特征非常不一样的伙伴形成联盟

表 2－1、表 2－2 和表 2－3 展示的这些不同领域的研究虽然大大拓展了组织二元性的价值，但是也模糊了组织二元性原本的定义，使得组织二元性的研究显得纷繁复杂。组织二元性本身的内涵是希望在一个组织内部形成一种能力，既能利用现存的知识、技术、产品和市场，又能探索新的知识、技术、产品和市场，保证企业短期生存和长期发展。为了厘清组织二元性的定义，本书第 3 章将通过一项案例研究，专注地从技术和市场 2 个方面展示组织二元性的维度及其互动，即组织二元性在现实企业中的体现。

关于二元性的研究层面，可以分为个人、商业单元、组织和跨组织。大多数研究认为，二元性是在组织层面上的，但是也有一些学者在商业单元层面研究二元性。例如，Brown 和 Eisenhardt（1997），Gibson 和 Birkinshaw（2004），Jansen 等（2006）。二元性在个体层面和跨组织层面的研究不多。Mom 等（2009）研究了正式的结构合作机制以及个人的合作机制对管理者二元性的推动作用。Rogan 和 Mors（2014）研究了在网络视角下组织中的个体水平二元性。Lavie 和 Rosenkopf（2006）关注公司的联盟形成的决策。Tiwana（2008）检验了在寻找创新的联盟中的桥连接（bridge ties）和强连接（strong ties）对知识整合及联盟二元性的作用。Andriopoulos 和 Lewis（2009）则将组织、团队、个人层面相结合形成了二元性的循环理论化。

本书通过对 19 篇在组织二元性领域的代表性文章进行初步统计，发现组织二元性领域的研究大多数是在组织层面的（如图 2－2 所示）。本书的研究和组织二元性领域的大多数研究相同，都是在组织层面上的。

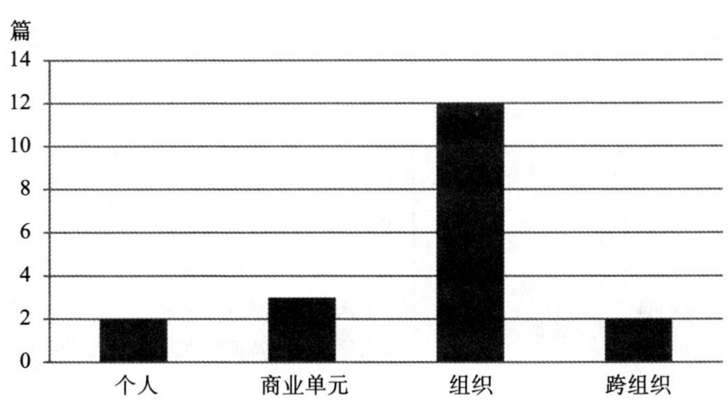

图 2－2　组织二元性的研究层面

2.1.2　组织二元性的结构基础及其他研究视角

O'Reilly 和 Tushman（1996）认为，面对高速变化顺序的二元性是无效的，组织需要同时进行“探索”和“利用”。他们认为，可以通过建立不同的结构上分隔的“探索”和“利用”，实现每一个单元有自己的人、结构、过程和文化，并由整合机制保证资源和能力的使用。Gibson 和 Birkinshaw（2004）认为，通过设计组织特征，允许个人决定怎样在探索性活动和利用性活动之间分割时间才可以使组织变得二元性；在这个视角下，情境二元性是通过建立一组过程和系统使得个人可以在协同和适应的矛盾需求中在分割时间上作出他们自己的判断。Duncan（1976）认为，为了调和创新和效率的矛盾，公司需要随着时间改变它们的结构。用公司战略协同这些结构。所以在他的视角中，组织二元性通过一种顺序的方法实现，即随着时间改变结构。

以上 3 组学者分别以结构视角、情境视角和顺序视角阐述了怎样达到组织二元性的问题。下面，本节依次加以分析。

1. 结构视角

通过使用分隔的子单元来同时追求并平衡“探索”和“利用”，这个方法通常被称为结构二元性，但是如 O'Reilly 和 Tushman（2008）所说，这不仅是 2 个结构上分隔的单元，而且具有不同的能力、系统、激励、过程和文化——每一个都是内部协同的。这些分隔的单元通过一种共同的战略意图、一套共同的价值观连接（O'Reilly & Tushman, 2004; O'Reilly, Harreld & Tushman, 2009）。从这个角度来说，二元性的关键是通过同时的"探索"和"利用"，使组织不仅能够保持当下的业务，而且能够感知和抓住新的机会（Smith & Tushman, 2005; Smith, Binns & Tushman, 2010; O'Reilly & Tushman, 2011）。这个研究结论被其他研究确认（Jansen, George, Van den Bosch & Volberda, 2008; Carmeli & Halevi, 2009; Jansen, Vera & Crossan, 2009; Nemanich & Vera, 2009; Lai & Weng, 2010）。

结构二元性的研究是广泛而深入的。以往的研究认为，结构二元性是和公司绩效相关的（Katila & Ahuja, 2002; He & Wong, 2004; Markides & Charitou, 2004; Lubatkin 等, 2006）。这些研究的结论被很多学者不断印证，以确定结构二元性和公司绩效之间的关系，探索结构二元性的决定因素（Jansen 等, 2009）。这些研究运用了多种方法，包括大样本收集（He & Wong, 2004; Venkatraman, Lee & Iyer, 2006），深入的案例研究（Garaus, Mueller, Guettel & Konlechner, 2012; Harreld, O'Reilly & Tushman, 2007; Raisch, 2008）和仿真（Fang et al.，2010）等。

尽管相关研究的结论不是完全一致，但是它们大体上确定了结构二元性包含了"探索"和"利用"的自治的结构单元，即组织结构分隔、整合机制、一个合法化的"探索"和"利用"的愿景、能够管理与很多组织协同相关的矛盾的领导风格（Burgers, Jansen, Van den Bosch & Volberda, 2009; Lai & Weng, 2010; Martin & Eisenhardt, 2010; Burton, O'Reilly & Bidwell, 2012; Hill & Birkinshaw, 2014）。

Smith 和 Tushman（2005）关注分隔（differentiating）和整合（integrating）的认知过程推动团队平衡的战略决策和二元的组织成果，即现存产品绩效和创新绩效。Jansen 等（2009）研究了组织结构分隔怎样通过正式和非正式的高管团队整合机制（权变报酬和社会整合）、正式和非正式的组织整合机制（跨职能界面和连通性）影响二元性。现有研究一般认为，高管团队需要负责完成整合任务。Lubatkin 等（2006）协同了高阶梯队理论，专注于高管团队行为整合的重要角色。一个行为整合的团队同步了有关合作行为、信息交换质量和联合决策（Hambrick，1995；Simsek，Veiga，Lubatkin & Dino，2005）的社会和任务过程，他们认为一个行为上整合的高管团队作为一个平台，管理者开放而自由地交换知识，解决矛盾，创造共同的愿景，这些都能够被整合以推动组织二元。Beckman（2006）发现创业团队成员既有相同的又有多样的先前公司关系最能够帮助他们享受到成长的好处。Jansen 等（2008）发现，高管团队的共享愿景和权变报酬能够提高公司结合高水平的探索性创新和利用性创新的能力，而变革性领导风格能够增加二元组织中高管团队特征的有效性。Andriopoulos 和 Lewis（2009）从个人、团队、组织 3 个层面说明了整合和分隔策略如何帮助管理嵌套的创新悖论，从而形成了二元性的循环理论化。

有趣的是，很多研究也探索了结构二元性在组织间或社区背景下的作用，而不是单个组织（Lavie & Rosenkopf，2006；Puranam，Singh & Zollo，2006；Lavie et al.，2011；Adler，Heckscher & Grandy，2014）。这些研究成果确定了二元性对公司绩效的正向作用。例如，Rothaermel 和 Deeds（2004）在研究 325 家生物科技公司时，展示了联盟怎样增加“探索”和“利用”。Phene 等（2012）以及 Lin，Yang 和 Demirkan（2007）也开展了相似的研究并得出类似结论。Kauppila（2010）在 1 个详细的案例研究中，描述了 1 家企业怎样依赖内部的二元性和外部的联盟增加它“探索”和“利用”的能力。他得出结论，组织间和组织内的达到二元性的方法是互补的，而不是替代的。

2. 情境视角

顺序视角和结构视角想要通过结构的方法解决“探索”和“利用”之间的矛盾。2004 年，Gibson 和 Birkinshaw 提出这个矛盾可以在个人层面解决，他们称为情境二元性，定义为“在商业单元层面上展示出同时协同和适应的行为能力”，即情境视角。在他们的视角中，平衡“探索”和“利用”的能力在于一个以弹性、规则和信任为特点的组织情境，认为支持性的组织情境能够鼓励个人更好地在协同和适应的矛盾需求中分割时间，作出他们自己的判断。他们定义二元性是协同和适应当前的商业需求，同时也能够适应未来的环境变化，他们分别用 3 个题项的量表测量协同和适应，然后将两者相乘得到二元性的测量。Gibson 和 Birkinshaw 使用 41 个商业单元的数据和绩效的主观评分，发现成功的商业单元比不成功的商业单元在协同和适应上都高。

情境视角尽管在有些方面与顺序视角和结构视角相似，但是还是有其独特之处。第一，情境视角强调由个人而不是由单元在“探索”和“利用”之间做决定。第二，当个人同意他们的单元是协同的和适应的时，二元性才达到。第三，组织系统和过程除了知道需要建立弹性、规则和信任等情境以外，对于怎样提高个人判断是不明确的。因此，通过情境视角达到二元性的组织的员工都明确地知道平衡协同和适应，因为他们每一个员工都参与了这个过程。但是，通过结构视角或顺序视角达到二元性的组织的员工被问到他们的单元是否为协同的和适应的时，他们可能同意，也可能不明确了解使得协同和适应同时发生的机制，因为这种平衡在组织结构层面就被解决了，并不是每一个员工都参与其中。

Adler 等（1999）通过对丰田生产系统的描述非常直观地分析了情境视角。在这项研究中，员工既执行常规化的任务，例如，汽车装配（利用），又被期望持续改进他们的工作以变得更加有效（探索）。以上就是 Adler 和他的同事们命名的“元路径”（meta - routines）或者 Simsek 和他的同事们所指的和谐的二元性（Simsek et al. , 2009）。在这项研究的案例中，管理系统和文化支持工作者参与追求“探索”和“利用”。Khazanchi, Lewis 和 Boyer（2007）认为，协同和适应是文化的一种功能，在单元内同时提高灵活性和控制力。在一项针对 271 个制造业单元的研究中，他们发现弹性的文化提高了创造力，而可控的规则提高了执行力。Hargadon 和 Sutton（1997）提出了类似的论点。他们认为，IDEO 是 1 家既强调创造力又强调执行力的知名的产品设计公司。Chatman, Caldwell, O'Reilly 和 Doerr（2013）展示了在动态的环境中适应的规则（包括风险承担、机会、创新）与公司绩效有关。Bueschgens, Bausch 和 Balkin（2010）认为，以协同和适应为特点的情境二元性提高了弹性和控制。

理论上可以轻易地想象情境视角在给定的背景或技术范式中怎样操作，但是在实践中发现一家公司在情境视角下的技术和市场中怎样适应重大的或不连续的变化是困难的。例如，纸质报纸和数码报纸的竞争需要重大的结构调整和资源的再分配（Gilbert, 2005; O'Reilly & Tushman, 2004）。这类决策不应留给基层员工，而是需要高管为新技术或新的商业模型提供资源和合法性。相似的，如果没有上级管理者的审批和投资，被雇用者（例如，纸质报纸记者）不可能具有发布线上新闻的必要技术能力。

Kauppila（2010）观察到，情境视角的关键缺点是“它没有真正思考公司怎样同时‘探索’和‘利用’，它只是假设探索性知识在某些地方产生并可以被利用”。因此，Kauppila（2010）更倾向于“探索”和“利用”之间的组织结构分隔。在一个给定的项目或者商业单元内，虽然想象情境视角如何允许“探索”和“利用”是容易的，但是在项目水平上的二元性研究中，Burton 和她的同事发现探索性项目和利用性项目的分离提高了项目绩效（Burton et al.，2012）。尽管情境视角存在一定的缺陷，但是还是有证据证明情境视角是达到二元性的一条重要路径。

3. 顺序视角

公司能够再协同它的结构以反映变化的环境条件或战略，这在过往很多有关组织适应的研究中都有所体现。例如，Chandler（1977）在他的经典文章中，描述了像 GE 和 DuPont 这样的公司怎样改变它们的结构以适应变化的市场条件。公司历史往往能够说明在面临变化时组织怎样适应它们的结构和过程（Tripsas，1997；Lovas & Ghoshal，2000；Rosenbloom，2000；Kauppila，2010）。在形成关于间断均衡（punctuated equilibrium）的理论时，Tushman 和 Romanelli（1985）提出公司是通过间断的变化进化的，公司通过不断改变组织结构适应环境的变化，这是一个顺序的过程。时间变化（temporal shifting）被认为是使公司变得二元的因素。例如，在描述小规模的电子企业怎样适应技术和产品的变化时，Brown 和 Eisenhardt（1997）提出公司使用“亚结构”和“有韵律的变换”在“探索”和“利用”的时间段内来回摇晃。Nickerson 和 Zenger（2002）以及 Boumgarden 等（2012）将这个过程称为摇晃，以福特和惠普作为研究对象，认为公司能够更容易地在正式结构之间变换，而不是转变公司文化和非正式组织。Siggelkow 和 Levinthal（2003）的仿真研究也认为，组织结构的顺序变化提高临时的去中心化水平是一个有效的“探索”和“利用”的方法。

顺序视角的研究经常聚焦在一个很长的时间段内。例如，Laplume 和 Dass（2012）描述了 1 家公司超过 65 年的进化。他们认为，在这 65 年中，最初的 25 年公司强调顺序的二元性，并开始使用顺序的和同时的“探索”和“利用”。Lovas 和 Ghoshal（2000）描述了丹麦 Oticon hearing aid firm 近 1 个世纪的演化，展示了该公司战略和结构的变化。Geerts，Blindenbach－Driessen 和 Gemmel（2010）通过对 532 个比利时公司的研究发现，顺序的和同时的二元性对公司成长均有正向作用，但是服务公司尤其依赖顺序二元性。总之，顺序视角的研究在更稳定的、环境变化更慢的行业（例如，服务业）以及缺乏资源追求同时二元性的小规模公司更有用（Rosenkopf & Nerkar，2001；Chen & Katila，2008；Ramachandran & Lengnick－Hall，2010；Goosen，Bazzazian & Phelps，2012；Tempelaar & Van De Vrande，2012）。

然而，这些研究均缺乏对顺序二元性怎样发生以及怎样变化的描述。在高水平的抽象中，我们很容易说公司在探索性模式和利用性模式中转换，但是这在实际中意味着什么呢？结构变化会是高度破坏性的。从“利用”到“探索”或者相反，意味着什么？这些研究均没有很好地加以说明。Boumgarden 等（2012）描述了惠普公司在中心化的和非中心化的组织结构之间晃动超过了 25 年，将这称为顺序二元性。但是有趣的是，这是不是真的二元性呢？House 和 Price（2009）详细描述了惠普公司从个人电脑和其外围设备到服务的转型失败。随着时间的推移，惠普公司转变了战略和经营结构，但是在“探索”上却失败了。如果二元性是指平衡“探索”和“利用”，那么尽管惠普公司改变了结构还是在“探索”上失败了，惠普公司就不符合严格意义上的组织二元性。顺序视角的研究还存在一些歧义。有些学者认为间断均衡和组织二元性是 2 种不同的达到“探索”和平衡的机制（Gupta et al.，2006）。“探索”和“利用”的同时性被视为组织二元性的特点，而“探索”和“利用”的顺序性则被视为间断均衡的特点。所以，顺序视角的研究还处于比较初期的阶段。

4. 结论

尽管每种视角最初提出时均是作为单独的方法来解决“探索”和“利用”的需要，但证据清晰地表明 3 种方法都是潜在可行的。Chen 和 Katila（2008）认为，““探索”和“利用”不会一直是竞争的活动，也可以是互补的”。深入研究通常能够展示出公司怎样随着时间结合这些手段平衡“探索”和“利用”（Goosen et al.，2012；Laplume & Dass，2012）。Raisch（2008）认为，结构视角、情境视角和顺序视角都能够在一定程度上实现组织二元性，三者是补充的而不是互斥的。Jansen，Andriopoulous

和 Tushman（2013）在对某设计公司的长期研究中发现，那些最成功的公司通过结构二元性创立“探索”和“利用”，然后转变成情境二元性，再随着时间转变回结构二元性。

House 和 Price（2009）展示了在惠普公司的历史中每种模式怎样提高“探索”和“利用”。例如，激光打印业务的发展导致合成电路使用的墨水被发明（情境二元性），而后惠普公司成立了单独的打印业务部（结构二元性），最终整个公司通过重新整合更好地协同个人电脑业务（顺序二元性）。Kauppila（2010）通过回顾 1 家芬兰公司怎样使用了 3 种模式的二元性，得出结论：现实中，公司很可能通过结合结构的和情境的前因来创造二元性，而不是通过单一的组织的和跨组织的前因创造二元性。

现实是组织面临很多竞争市场，这就要求组织不同程度的“探索”和“利用”（Rosenkopf & Nerkar，2001；Chen & Katila，2008；Ramachandran & Lengnick - Hall，2010）。达到二元性的不同方法可能或多或少地依赖于面对的市场的本质。例如，情境视角的方法可能在条件变化的动态市场中更合适，而处于更稳定环境的公司可能更适合顺序视角的方法。1 个商业单元中的情境二元性可能提高了连续适应环境小变动而需要的本地创新和变化（Adler et al.，1999；Benner & Tushman，2003）。实事求是地讲，时间是 1 个重要的情境变量。创业公司在当前战略和历史的约束下创造探索性单元，结构的二元性是非常重要的。但是，一旦探索性单元成立，公司便可以变换为更整合的结构攫取利益（O'Reilly et al.，2009）。

情境二元性也有动态的元素，虽然这很少被提起。在这种情境下，需要个人自己判断怎样在协同和适应 2 种矛盾的需求之间分割时间最适当（Gibson & Birkinshaw，2004）。Adler 等（1999）认为，个人对 2 种需求的注意力或者是同时的或者是顺序的。如果是前者，做例行任务的雇员能够同时做一些识别提高机会的非例行任务；如果是后者，雇员将选择在 2 种类型的任务间转换而不是试图同时解决它们。在任务间转换使得雇员对每一项任务都有更高的专注性，减少了混淆的风险。尽管人脑原则上是二元性的——可以同时处理控制的和自动的过程（Wegner & Bargh，1998）——然而顺序二元性比同时二元性在个人水平上更容易达到。显然，“探索”和“利用”的循环交替比公司层面观察到的以及理论描述的更短（可能仅有几小时或几分钟）、结合得更紧密（Nickerson & Zenger，2002；Siggelkow & Levinthal，2003；Puranam et al.，2006；Gulati & Puranam，2009）。

2.1.3 组织二元性与绩效之间的关系

从理论上来说，组织二元性能够促进公司绩效。马奇（March，1991）认为，“探索”和“利用”2种行为都会重复地自我强化。对于“探索”来说，因为结果的可能范围很广，“探索”常常失败，这会促使组织寻求新的想法从而导致更多的“探索”，因此陷入失败陷阱。相反，“利用”经常导致短期成功，这会使组织沿着同样的轨迹进一步加强“利用”，因此陷入成功陷阱。总而言之，“探索”导致更多的“探索”，而“利用”导致更多的“利用”。过多的“探索”因为没有及时取得“探索”的收益导致组织过多的成本，而过多的“利用”不能适应环境快速变化的风险。所以，仅有探索性活动或者仅有利用性活动都是不够的。Levinthal和March（1993）认为，长期的生存和成功依赖组织既要有足够的利用性活动保证组织现在的生存，又要有足够的探索性活动保证组织未来的生存。一方面，组织二元性强调“探索”和“利用”的平衡效应。“探索”和“利用”的平衡会减少绩效损坏效应。即注重两者平衡而不会过度强调“利用”而挤出“探索”或者过度强调“探索”而挤出“利用”；另一方面，组织二元性追求“探索”和“利用”都强的结合效应，因为这样“探索”和“利用”可以互相充分使用对方的补充资源从而增加了公司绩效（Cao et al.，2009）。因此，从理论上来说，无论是平衡效应还是结合效应，组织二元性都能够促进公司绩效。

接下来实证研究要解决的一个重要问题是，组织二元性是不是真的如理论假设一样与公司绩效正相关。实际上，很多实证研究的证据表明，组织二元性与用各种不同方法测量的组织绩效正相关（如表2-4所示）。

表2-4 组织二元性与各种不同方法测量的组织绩效之间关系的研究

观点	研究
组织二元性与销售增长正相关	Nobeoka & Cusumano, 1997; Lee, Lee & Lee, 2003; He & Wong, 2004; Auh & Menguc, 2005; Venkatraman et al., 2006; Lin et al., 2007; Han & Celly, 2008; Geerts et al., 2010; Caspin - Wagner, Ellis & Tishler, 2012;

续表

观点	研究
组织二元性与绩效的主观评分正相关	Gibson & Birkinshaw, 2004; Markides & Charitou, 2004; Masini, Zollo & Wassenhove, 2004; Lubatkin et al., 2006; Bierly & Daly, 2007; Schulze, Heinemann & Abedin, 2008; Cao et al., 2009; Burton et al., 2012
组织二元性与创新正相关	Eisenhardt & Tabrizi, 1995; Adler et al., 1999; McGrath, 2001; Katila & Ahuja, 2002; Rothaermel & Deeds, 2004; Yang & Atuahene – Gima, 2007; Burgers et al., 2009; Rothaermel & Alexandre, 2009; Sarkees & Hulland, 2009; Tushman et al., 2010; Phene et al., 2012
组织二元性与以托宾Q衡量的市场价值正相关	Wang & Li, 2008; Uotila et al., 2009; Goosen et al., 2012
组织二元性与公司生存正相关	Mitchell & Singh, 1993; Cottrell & Nault, 2004; Hensmans & Johnson, 2007; Kauppila, 2010; Piao, 2010; Laplume & Dass, 2012; Tempelaar & Van de Vrande, 2012; Yu & Khessina, 2012; Hill & Birkinshaw, 2014

以上研究的层次分别有公司、单元、项目和个人。尽管组织二元性在某些情况下是重复的和无效的（March, 1991; Ebben & Johnson, 2005; Van Looy, Martens & Debackere, 2005），但是实证研究显示在市场和技术不确定的情况下，二元性基本上与公司绩效正相关。表 2 – 5 详细地展示了一些代表性实证研究中公司绩效的代理变量和相应的测量题项以及研究得出的“探索”和“利用”（或二元性）对企业绩效的影响。

表 2 – 5　代表性研究中的组织二元性对公司绩效的影响

作者	绩效	测量题项	结论
Gibson 和 Birkinshaw（2004）	商业单元绩效	（1）这个商业单元达到了它的全部潜力；（2）和我一个层级的员工对商业单元的绩效感到满意；（3）这个商业单元很好地满足了我们顾客的需求；（4）这个商业单元给我机会和激励，使我尽最大努力去工作	情境促进二元性，二元性提供高绩效，二元性是情境和绩效之间的中介

续表

作者	绩效	测量题项	结论
He 和 Wong (2004)	销售额增长率	以 1996 年为基准年，206 家创新公司 1996—1999 年 3 年平均销售增长率自我报告	“探索”和“利用”交互（乘）对绩效正相关，两者不平衡（减）对绩效负相关
Lubatkin 等 (2006)	相对财务绩效	相对于其他主要竞争者，我们公司以下指标从 1（更差）-5（更好）打分：销售水平、销售额增长率、市场份额增长、现金流、股东权益回报、净利润、利润销售比、投资回报比，共 8 项	组织二元导向正向影响了公司绩效
Uotila 等（2009）	财务绩效	托宾 Q 值	探索导向的相对值和财务绩效之间存在倒 U 形的关系
Jansen 等（2006）	财务绩效	一个商业单元的收益率达成率，即实际收益率除以目标收益率（公司内部记录）	探索创新和利用创新对财务绩效的作用不显著
Venkatraman 等 (2006)	公司成长	$\ln \frac{\sum_j X_{ij,t+1}}{\sum_j X_{ij,t}}$ *	同时的二元性不显著，顺序的二元性显著，所以顺序的二元性与同时的二元性相比，是对公司成长更显著的预测量
焦豪（2011）	短期财务绩效；长期竞争优势	投资回报率、资产回报率，销售回报率、利润增长率，对市场的反应速度，客户对产品（或服务）价值的评价，创新的速度	利用性创新和探索性创新与短期财务绩效有正向关系；利用性创新和探索性创新与长期竞争优势有正向关系；利用性创新对短期财务绩效和长期竞争优势的正向影响都比探索性创新更大

注：* 所在公式中，$X_{ij,t}$ 和 $X_{ij,t+1}$ 代表公司 i 在产品市场 j 中 t 年和 $t+1$ 年的销量。

尽管使用了不同的方法（不同的结果变量、不同的分析水平、不同的行业样本）测量二元性，二元性和绩效之间的关系仍是稳健的。一些早期的研究往往依赖案例研究或文档证据（O'Reilly & Tushman，1996；

Markides & Charitou, 2004)，而很多近期的研究已使用长期的大样本数据记录二元性随着时间变化的作用效果。例如，Geerts 等（2010）研究了 500 多家公司超过 4 年的发展过程，发现二元性对公司成长有正向作用。Goosen 等（2012）的研究将大样本（500 家公司）超过 10 年的发展过程作为研究对象，发现有更多技术能力的公司从二元性中获得的收益更多。Caspin - Wagner 等研究了 605 家技术公司，发现了二元性和公司财务绩效之间呈倒 U 形的关系（Caspin - Wagner et al., 2012)，这与 Uotila 等(2009）的大样本得出的结论一致。

另外，组织二元性与公司绩效正相关的效果受公司所处环境影响。当公司处于较不确定的情况时，当公司拥有较充足的资源时，组织二元性对公司更加有利，而这通常发生在大公司。组织二元性在企业所处环境不确定的情况下更有价值（Sidhu, Volberda & Commandeur, 2004；Yang & Atuahene - Gima, 2007；Wang & Li, 2008；Goosen et al., 2012；Tempelaar & Van De Vrande, 2012 ）。当公司拥有更多的资源时（Sidhu et al., 2004；Cao et al., 2009；Tempelaar & Van De Vrande, 2012；Goosen et al., 2012)，当公司的规模更大时（Lin et al., 2007；Yu & Khessina, 2012)，组织二元性使得公司具有更强的竞争力（Auh & Menguc, 2005；Bierly & Daly, 2007；Geerts et al., 2010；Caspin - Wagner et al., 2012)。Uotila 等(2009）关注的环境因素是技术动态。频繁的技术变化使得组织的资源和能力在相对较短的时间内过时，这逼迫企业不断地探索新的技术。在低技术动态的环境中，某一种技术能够使用很长一段时间，使得公司能够完全专注在“利用”上。因此，不同水平的技术动态下，“探索”和“利用”的最佳平衡也会不一样。Cao 等（2009）的研究表明当公司拥有足够资源途径时，“探索”和“利用”的取舍可能就不是紧固的约束了。公司可得资源就是公司占有的资源量（用组织规模表示）或能够从组织外部获得的资源量（用环境慷慨表示）。Jansen 等（2006）检验了环境动态性和环境复杂性怎么调节探索性创新和利用性创新的有效性，发现在动态的环境中追求探索性创新会更有效，而在竞争更激烈的环境中追求利用性创新对 1 个单元的财务绩效更加有益。Lin 等（2007）发现二元性的联盟构造有益于大公司，而专注于探索联盟或利用联盟有益于小公司。在不确定的环境下，二元的形式增加了公司绩效；在稳定的环境下，专注的形式增加了公司绩效。

最后 1 个研究的方向是深入研究公司怎样随着时间的变化处理二元性。例如，Danneels 记录了 Smith - Corona 和 Olivetti 公司怎样在“探索”和“利用”上失败（Danneels，2011；Danneels，Provera & Verona，2013）。Laplume 和 Dass（2012）展示了在 65 年的时段内，1 家公司怎样适应不同形式的二元性。House 和 Price（2009）记录了惠普公司如何从电子设备转换到微电脑又转换到打印机直至服务商。还有一些研究展示了适应怎样在 Polaroid，IBM，Oticon，URS，NCR 和其他公司中发生（Lovas & Ghoshal，2000；Rosenbloom，2000；Tripsas & Gavetti，2000；Holmqvist，2004；Bryce，Dyer & Furr，2007；O'Reilly et al.，2009；Boumgarden et al.，2012）。这些研究的可贵之处在于他们反映了二元性在一个相对较长的时期内对企业生存和发展的作用。

尽管一些研究认为二元性和绩效之间无关（Ebben & Johnson，2005），一些学者认为该效应只在特定条件下成立，但是总体的结论是清晰的：在不确定的环境中，组织二元性是与增加的公司创新、更好的公司绩效、更高的生存率正向相关的（Lavie et al.，2010；Mueller，Rosenbusch & Bausch，2013）。

2.2 组织结构研究综述

2.2.1　机械结构和有机结构

权变理论认为，如果组织结构设计符合组织最主要任务的本质，它们就会更有效。尤其是当组织的任务是简单的和稳定的时，它们应该采用机械的形式，它们的目标是效率；当组织的任务是复杂的和变化的时，它们应该采用有机的形式，它们的目标是柔性（Burn & Stalker，1967）。组织理论展示了一系列矛盾，以反应这种机械和有机的极端情况。例如，机器科层与灵活组织结构（Mintzberg，1979）；基于正式规则和科层制控制的适应性学习与依赖于共享的价值观、小组、沟通的形成性学习（McGill，

Slocum & Lei, 1992)；面对动荡和不确定性环境的多面手（generalist）与面对稳定和确定性环境的专家（specialist）（Hannan & Freeman, 1977, 1989）。

组织研究的1个基本观点是不同的组织结构是与不同的战略和环境条件相关的（Lawrence & Lorsch, 1965, 1967）。例如，Burns 和 Stalker (1961) 发现在1个关于创新的开创性研究中，在稳定环境下经营的公司发展出了它们认为的“机械管理系统”，具有清晰的层级关系，清晰的角色和责任，清楚的职位描述。相反，在动荡环境下经营的公司发展出了更“有机”的系统，缺乏正式定义的任务，更多地开展横向合作机制，更少地依赖于正式化和专业化。之后的研究确认了这个观点，学者们现在广泛地接受了不同组织结构与不同的战略和环境相关（Aldrich, 1999; O'Reilly & Tushman, 2002; Sine, Mitsuhashi & Kirsch, 2006）。

基于这个观点，组织适应的研究认为，公司想要长期生存，在面对环境和技术的变化时需要改变组织结构（Schumpeter, 1934; O'Reilly & Tushman, 2002）。基于“探索”和“利用”需要不同的结构，很多学者认为，为了长期生存，组织需要协调两者。例如，第一个使用“ambidextrous”的学者 Robert Duncan 认为，从创新提出到创新执行，公司需要改变结构。在创新的初创阶段和执行阶段需要执行非常不同的任务，所以这2个阶段对应的最有效的组织结构也不同，初创阶段需要更高的复杂性、更低的正式性和中心化，执行阶段则相反。

为了更好地面对动态复杂的环境和短期长期相结合的战略，组织设计出在组织内保持独立有机结构和机械结构，两者相互共存，即组织结构分隔（structural differentiation）。组织结构是任务的分工和协作，组织结构分隔就是探索性任务和利用性任务的分工与合作。探索性活动和利用性活动的分工形成了适合探索性活动的有机结构和适合利用性活动的机械结构。由此可知，组织结构分隔是组织结构的一种安排形式。

2.2.2 组织结构分隔

1个正式组织可以从多个维度分割为不同的组成部分——空间、职业、层级、功能（Blau, 1970）。从空间上可以分为不同的子单元；从职业角度，组织成员被正式分为不同的职位，就是劳动分工；从层级上分为不同的级别，就是管理层次；从功能上分为不同部门。实证的测量可以分为分支的数量、职位的数量、层级的数量、部门的数量等（Dewar & Hage, 1978）。本书指的分隔（differentiation）是从空间上分为不同的子单元。结构分隔是组织任务和领域在不同单元间的分割（Dewar & Hage, 1978），为衡量服务于不同产品—市场的单元的数量提供了谨慎和客观的指标，来捕捉在 1 个多单元的组织中的结构分隔化程度（Jansen et al., 2012）。这样一来，结构分隔捕捉了不同单元间组织任务和领域的细分，很可能使得每一个单元发展出更专注的能力和专长（Lawrence & Lorsch, 1967；Hall, 1977）。这是组织结构研究中一般意义上的结构分隔，而本节沿着传统的结构分隔，认为将传统的结构分隔的研究应用到探索性单元和利用性单元的区分上，就是特指探索性单元和利用性单元的分隔，即本节所称的组织结构分隔。

组织结构分隔对应的英文是 structural differentiation，在一些研究中也被称为结构二元性（O'Reilly & Tushman, 1996），Simsek 等（2009）的研究中称为分隔（partitional），Khanagha, Volberda 和 Oshri（2014）称为空间分离（spatial seperation）。虽然称呼不同，但是无论是组织结构分隔、结构二元性、分隔或者空间分离，都指的是探索性单元和利用性单元的空间分隔。创建不同的业务单元做探索性活动或者做利用性活动（Duncan, 1976），这种空间分隔保证了每个组织单元适应特定的任务环境要求（Lawrence & Lorsch, 1967）。做探索性活动的组织单元大多数规模小，扁平化，没有特定的业务步骤；做利用性活动的组织规模大，权利集中，有严格的业务步骤（O'Reilly & Tushman, 1996；Benner & Tushman, 2003）。结构的不同使得二元组织保持了能够处理矛盾需求的能力（Gilbert, 2005）。

组织结构分隔是探索性活动和利用性活动分离到不同组织单元的程度（Raisch et al., 2009），使得每个单元最有效地执行它的任务（Lawrence & Lorsch, 1967）。组织结构分隔是“不同的子单元在目标导向，时间导向和人际导向之间的差异”（Golden & Ma, 2003）。它创造了“务实的边界”（pragmatic boundaries）来保护探索性活动，远离母公司主流活动的统治性管理认知和惯性（Benner & Tushman, 2003；Gilbert, 2005）。组织结构分隔给了探索性单元自由和自主。这样的空间分隔导致更高的创造力（Amabile, Conti, Coon, Lazenby & Herron, 1996），适应本地需求。它推动了组织学习，增加了组织内不同子单元的知识创造（Fiol, 1995；Scarbrough, Swan, Laurent, Bresnen, Edelman & Newell, 2004)。通过分隔建立本地“思想世界”，导致更有创造力的突破和更多可以探索的机会（Fiol, 1995)。分隔使得子单元远离报告和年度预算政策（Burgelman, 1985), 保护它们不需承受快速成长的压力（Burgelman & Valikangas, 2005)。另外，通过组织结构分隔，探索性单元可以自由地采用更适合探索过程的工作方法。

基于结构视角的研究认为，组织结构分隔是达到二元性的主要手段。Burn 和 Stalker（1961）认为，有机的结构具有宽松的工作描述、交流频率高和规则少的特点，这些特点可以解放雇员，让他们开拓新的想法。机械的结构具有清晰的命令链条、中心化和规则多的特点，所以支持“利用”和效率。Lawrence 和 Lorsch（1967）认为，分隔（differentiation）是组织系统分隔为子系统的状态，每一个子系统倾向于根据环境发展出特定的属性。Benner 和 Tushman（2003）认为，二元性的组织会有不同的子系统，并且它们之间是松散耦合的。Gilbert（2005）认为，组织结构分隔能够帮助与母公司不同的新单元克服程序刚性（routine rigidity)。

Jansen 等（2009）开发了组织结构分隔的问卷题项①如下：（1）创新和生产活动在我们的组织中结构上是分离的；（2）我们不同的商业单元专注于特定的功能和市场；（3）我们从不同的部门满足顾客的需求；（4）生产线和员工部门在我们的组织中是清晰分离的；（5）我们的组织有分离的单元来增加创新和弹性；（6）我们有不同的单元专注于短期或者长期。Burgers 等（2009）使用了 Jansen 等（2009）的量表，用 240 个荷兰公司样本的实证研究说明了组织结构分隔促进公司创业。Burgers 和 Covin（2014）的研究中也使用了该量表。

Jansen 等（2009）认为，组织结构分隔造成了空间上分隔的探索性部门和利用性部门，并且将不同的组织任务分配到相应的部门中去。它防止了利用性部门的日常操作干涉探索性部门的新生能力，保证了探索性部门能够有自由和弹性发展新的知识和技术。有些学者提出整合（integration）和分隔同样重要（Smith & Tushman, 2005; Sirmon, Hitt & Ireland, 2007)。Jansen 等（2009）实证检验了高管团队整合机制（权变报酬和社

---

① Jansen, J. J. P., Tempelaar, M. P., Van den Bosch, F. A. J., & Volberda, H. W. Structural differentiation and ambidexterity. Organization Science, 2009, 20 (4): 797 - 811.

会整合）和组织整合机制（跨职能界面和连通性）在组织结构分隔和二元性之间的中介作用。

关于组织结构分隔，还不清楚结构上不同的单元怎么随着时间进化。基于仿真研究，Siggelkow 和 Levinthal（2003）推荐了暂时的去中心化，即公司对“探索”使用分隔的单元，然后再整合他们。Westerman，McFarlan 和 Iansiti（2006）描述了一些分隔的单元怎样在创新生命周期的后期转化为更整合化的设计。相反地，有些学者描述了随着时间发展，分隔的单元怎样保持高度自治。例如，Raisch（2008）注意到高档咖啡制造商 Nespresso 在食品行业领导者 Nestlé Group 内部保持作为一个完全的自治单元超过 20 年。对 Xerox 公司的自治单元 Palo Alto Research Center（PARC）的案例研究表明，尽管这个单元保持分离很多年，但是跨单元集合的程度随着时间而增加（George & Regani，2005）。

除了主流组织和分隔单元之间的关系变化，分隔单元自己也可能发生变化。随着时间的推移，分隔单元的竞争情境通常会从类寡头进化成为组织数量增加的竞争空间中的先行者。在这个过程中，成功单元的数量和范围明显地增加了。显然，改变的边界条件将迫使分隔单元投入更多的时间在利用性活动上来保证有效率的操作。不难推测，随着时间推进，分隔单元将从原来的探索导向转变为更二元性的（甚至利用的）导向。

组织结构分隔这个概念存在以下 2 个问题：第一，组织结构分隔是否存在；第二，组织结构分隔的效果如何。组织结构分隔存在与否是组织采不采用组织结构分隔这种可以达到二元性结构的问题，而组织结构分隔的效果如何则是组织采用组织结构分隔之后做的怎么样的问题，是程度问题。如果组织结构分隔做得好，则能够发挥理论上“务实的边界”的作用，使得探索性单元和利用性单元共存，各自为企业的不同侧面出力；如果组织结构分隔做得不好，则有可能混淆边界，互相介入，达不到理论上所说的各自发展出特定专长的状态，反而造成企业资源的浪费。本书对组织结构分隔这 2 个方面的内容都有所关注。

2.3 公司治理结构研究综述

合同是代理理论中最重要的概念，因为它把代理理论和古典经济理论、新古典经济理论区分开。古典经济理论、新古典经济理论都是把市场力量作为对积极管理公司的所有者（或创业者）的规范机制。代理理论首次意识到在大型组织中，所有者和在公司内作决策的经营者可能会分开，而且两者有不同的利益。代理理论把公司看成由不同个人相互约定的复杂的、成文（或者不成文）的合同组成的系统（Fama & Jensen, 1983）。这个理论通常将公司所有者定义为委托人，将公司管理者（一般指 CEO）定义为代理人。

2.3.1 公司治理结构

学者们分别从制度功能、具体形式、制度构成等不同角度定义公司治理（费方域，1996）。1985 年英国的《公司法》里规定，公司治理结构是由股东、董事和审计员三方构成的一种制度。Mayer（1995）认为，公司治理是公司借以代表和服务于投资者利益的一种组织安排。它包括从公司董事会到激励计划的所有内容。Monks 和 Minow（1995）认为，公司治理是影响公司战略方向和业绩表现的各类参与者之间的关系。Tricker（1994）认为，公司治理包括董事和董事会的思维方式、理论和做法。

钱颖一（1995）认为，公司治理结构是一套制度安排，用来支配若干在企业中有重大利害关系的团体，包括投资者、经理、工人之间的关系，并从这种联盟中实现各自的经济利益。公司治理结构相关问题包括：如何配置和行使控制权；如何监督和评价董事会、经理人员和职工；如何设计和实施激励机制。

南开大学公司治理研究中心[①]指出，公司治理是指所有者——主要是

① http://www.cg.org.cn/n/4271.html。

股东——对经营者的一种监督与制衡机制。即通过一种制度安排，合理地配置所有者与经营者之间的权利与义务。公司治理的目标是保证股东利益的最大化，防止经营者对所有者利益的背离。公司治理的主要特点是通过股东大会、董事会、监事会及管理层形成公司治理结构的内部治理。

李维安（2002）指出，狭义的公司治理是指公司所有者对经营者的监督和制衡机制；广义的公司治理还涉及其他利益者（包括股东、员工、客户、供应商、债权人、政府和社区等利益集团）之间的利益制衡机制。张维迎（2005）认为，公司治理结构是企业所有者、股东、高级管理人员以及其他利益相关者之间的关系，公司治理面对的核心问题是如何在不同的利益相关者之间分配企业的控制权和剩余索取权。

公司治理问题的产生是因为所有权和经营权（控制权）的分离，导致资本所有者和经营者的利益不一致，从而产生了代理问题。研究公司治理问题发展的里程碑是 Jensen 和 Michael 在 1976 年提出的委托代理理论，他们明确地提出代理关系和代理成本。代理成本产生的原因是代理人是有限理性的和自我利益导向的，委托人和代理人之间信息不对称、委托人和代理人之间目标不一致等。公司治理就是为了降低代理成本而设计的监督、激励等。

委托人（主要是所有者和股东）和代理人（主要是经营者和管理者）之间的委托代理关系存在以下 2 个重要的代理问题：

第一，委托人不能确定代理人是否行为得当。信息不对称是委托代理关系中的一个关键变量，对此已有大量研究。信息不对称，是指在典型的委托代理关系中，委托人对于代理人的特点、能力以及代理人的决策和行为拥有的信息少于代理人。以上 2 个方面的信息不对称在代理理论的研究中被分别称为逆向选择和道德风险。如果委托人没有充分地监督代理人（例如，董事会缺乏有效控制 CEO 的必要信息），代理人就能够很轻易地进行投机行为，因为相对代理人来说委托人往往处在信息劣势（Levinthal，1988）。

第二，委托人和代理人有不同的目标。在代理理论中，假设人是经济人（homo - economicus），即人是个人主义的、投机的、自利的（Davis，Schoorman & Donaldson，1997）。所有者和管理者都是理性的，都寻求自己的财富最大化。委托人（即所有者）通过投资持有公司股份，代理人（即管理者）职业化地管理公司，两者通过不同的方式追求各自财富的最大化，所以造成了两者之间利益不一致。这种利益不一致通常表现为代理人缺乏努力或者说代理人退缩，表现为代理人仅注重自己的职位和权威，在职享受而不以股东权益最大化为目标。

在面对以上 2 个代理问题时，委托人有以下 2 种选择。一是通过投资信息监督系统发现代理人的行为。例如，投资于预算系统、报告程序、董事会，增加管理层级。这些投资有助于将代理人的行为展示给委托人。监督就是代表全体股东利益的董事会通过公司治理机制（例如，报告、审计、政策等）减少代理人的自利行为（Jensen & Meckling，1976）。监督能够解决代理问题是因为它降低了 CEO 和董事会之间信息不对称的程度。虽然在理想的情况下，董事会占有完全的信息，因此能够直接侦查和阻止管理层权力滥用，但是这个“最好的解决方案”（Hölmstrom，1979）不太可能发生，因为搜集完全信息太过困难和昂贵。

二是激励代理人使其行为符合委托人的利益，但是代价是将风险转嫁给代理人。激励是通过将管理者的报酬和公司绩效挂钩使代理人和委托人的利益保持一致。代理人会作出最大化股东财富的决策，因为这也会最大化他们自己的财富。在代理人的行为不容易被监督时，激励是最好的控制机制（Jensen & Meckling，1976）。总之，委托人试图通过合同控制代理人，签订明确规定两者权力的协议，建立监督代理人行为的系统，并且决定管理者的报酬结构，即管理者激励在多大程度上和所有者利益相容（Fama & Jensen，1983）。

南开大学公司治理研究中心、上海证券交易所、里昂证券、标准普尔等机构分别为公司治理编纂了不同的评价体系，其一级项目如表 2－6 所示。由表 2－6 可以看到，虽然这些机构推出了不同的评价体系，但是这些评价体系的核心是相同的，都涉及对代理人行为的监督和激励。Claessens 和 Yurtoglu（2013）比较了发展中国家、发达国家、转型国家之间的公司治理结构，认为 70 多个国家的公司治理结构存在差异。本书将收集中国和美国的样本，捕捉 2 个不同类型国家公司治理结构的异同。

合同为组织最高层级管理者明确了“游戏规则”，包括以下 2 个重要部分：第一部分，监督代理人行为的系统；第二部分，报酬结构，决定了管理层的动机在多大程度上和所有者的利益相统一（Jensen，1983）。监督（monitoring）是在一段时间内对代理人行为进行直接或者间接的观察（Jensen & Meckling，1976；Singh，1985）。监督包括预算、问责、规则和

表 2-6 不同机构推出的公司治理评价体系

评价体系	南开大学公司治理研究中心	上海证券交易所	里昂证券	标准普尔
一级项目	控股股东行为	控股股东行为的规范（25%）	管理纪律（15%）	所有权与投资者的关系
	董事会	关键人的约束与激励（25%）	透明度（15%）	财务透明度与信息披露
	监事会	股东权利（15%）	独立性（15%）	董事会的结构与运作过程
	经理层	透明度（20%）	问责性（15%）	财务相关利益者
	信息披露	董事会的结构与运作（15%）	责任（15%）	
	利益相关者		公平性（15%） 社会责任的认知（10%）	

政策。激励相容（incentive alignment）是报酬系统在多大程度上能使得管理者作出最利于股东利益的决策，本书统称为激励。通过使用其中之一或者同时使用两者可以减少代理成本（Tosi & Gomez - Mejia, 1989）。

2.3.2 监督

没有被监督的管理者更容易产生投机行为。因此，独立于激励，监督可以阻止管理者作出有损委托人利益的决策。监督也被定义为通过会计控制等其他机制对代理人行为或结果的观察。

监督是在一段时间内对代理人行为进行直接或者间接的观察（Jensen & Meckling, 1976）。监督包括预算、问责、规则和政策等，能够协同所有者和管理者的利益，阻止管理者追求自身利益目标，和公司绩效正相关（Fama, 1980）。监督机制使得所有者和管理者的利益相统一，并且阻止或者减缓管理者牺牲所有者利益而追求自身利益，从而正向影响公司的绩效。然而，高水平的监督也可能会限制管理决策（Baysinger & Hoskisson, 1990）。Shavell（1979）论证了除非代理人的行为不能对所有人造成负面的结果，否则监督是有潜在收益的。Hölmstrom（1979）认为，虽然完美的监督是不可能的或者过于昂贵的，但是通过惩罚代理人不良的行为，即使不完美的监督也能在实践中减轻道德风险。

组织能够利用监督机制监督管理层（特别是 CEO）的活动。监督机制较健全的公司能够给外部投资者发送积极的信号。Das（2014）的研究发现，外国投资者倾向于投资那些有着良好的董事会和独立审计员的公司。本节检验了以下 3 种类型的监督机制：第一，董事会的组成成分，即外部董事的比例；第二，公司的股份结构，即公司是否存在大股东；第三，公司的最高领导，即董事长和总经理是不是一个人。

作为公司股东的法律代表，董事会的外部董事被期望能够帮助作出有益于股东财富的决定，包括 R&D 投资的战略导向（Kosnik，1987，1990）。公司法律和代理理论给予了外部董事保卫公司财富的角色。外部董事的存在能够监督公司管理者和董事的合谋，而且能够提高不称职的管理者被解雇的可能性。Fama（1980）指出，完善的外部董事机制对于解决股东与管理人员之间的委托代理问题是非常有效的，公司治理必须在一定程度上保证董事会独立于管理层，以便董事会能够发挥其决策监督职能。所以，外部董事在董事会中的占比越高，董事会对管理层所起的监督作用越大。

鉴于大股东持有众多公司股份权益，他们有明显的动机近距离监督高管的决策以提高公司的预期绩效（Alchain & Demsetz，1972；Bushee，Carter & Gerakos，2013）。Cubbin 和 Leech（1983）发现大股东比小股东对管理层有更大的权力。Hill 和 Snell（1988）阐述了在 94 家研究密集的大公司中的研发费用和在个人股东中权益所有权的集中之间显著的正相关关系，认为大股东能够激励公司在 R&D 中的投资。机构投资者通过他们持有的股份行使他们对管理者的权力：重大的机构抛售将会引起被抛售公司市场价值的急剧减少。Graves（1988）对 22 家电脑制造公司的发展趋势分析表明了机构股份对公司研发费用的决定性作用。Jarrell，Lehn 和 Marr（1985）使用了跨行业数据表明研发费用和机构所有权之间的正相关关系。因此，机构投资者或者大股东的存在，增强了对管理层的监督作用。

两职合一会产生“自我监督”机制的缺陷，所以代理理论提倡董事长和总经理两职分离。Jensen（1993）提出，当董事长与总经理两职合一时，会导致内部控制系统失调，董事会也不能有效执行其关键功能。董事长负责主持董事会会议和监督、聘用、解聘和评价高管。当董事长与总经理同为一人时，董事长作出决策，同时监督决策，这几乎使得董事会的监督机制形同虚设。如果董事长与总经理两职合一，整个企业的决策权就都落到一个人手中，这种缺乏监督的情况会使得企业陷入较大的风险中，总经理能够轻易地做一些自利行为。Lorsch（1989）认为，董事长与总经理两职分离使得董事会可以对总经理的权力进行制约从而尽可能作到科学决策，使公司的运营不会被总经理的个人意志左右，对公司业绩有较好的促进作用。因此，大部分学者认为两职分离有利于提高监督水平。

2.3.3　激励

激励是通过将代理人的报酬与委托人希望的绩效挂钩的合同将委托人和代理人的利益相协调（Tosi，Katz & Gomez－Mejia，1997），是基于管理者绩效函数的一种控制机制。因为管理者的任务是非程序化的，所以财务激励能够提供一种有效率的自我规范机制（Eisenhardt，1989），管理者更喜欢能够最大化他们报酬的战略和选择。相应地，管理者关于资本分配、R&D 投资、新设立单位、合并等的决策都和这些选择怎样影响报酬有关。激励包括将 CEO 报酬与绩效挂钩、长期激励计划、CEO 持有公司股份等。Gomez－Mejia，Tosi 和 Hinkin（1987）认为，外部大股东有权力和动力协调被雇用的 CEO 的报酬和公司的绩效。Jensen 和 Murphy（1990）分析了上千个 CEO 在 20 年间的报酬—绩效关系的历史，认为在大多数上市公司，高管的报酬事实上是独立于绩效的。他们的研究引起了人们对“CEO 报酬应该怎样给付”这个问题的讨论，他们认为 CEO 的报酬应该基于绩效，才能对 CEO 的行为起到激励作用。Joseph 和 Thevaranjan（1998）认为，充满激励的报酬计划通常更适合风险喜好和具有创业精神的个人。Haniffa 和 Hudaib（2006）用 347 家在吉隆坡证券交易所上市的公司 1996—2000 年的数据说明了管理者持股有利于公司绩效。He 和 Wang（2009）证明了基于激励的公司治理机制，包括 CEO 持股、CEO 权变报酬，强化了公司创造性知识资产的水平与经济绩效的关系。Lilienfeld－Toal 和 Ruenzi（2014）认为，在比较弱的外部治理和产品市场竞争以及比较大的管理自治权的情况下，管理者持股给公司带来的年度超额回报为 4%—10%。

对于监督和激励在控制代理问题上的角色和作用，代理理论的研究者基本形成了一致的看法，但是对于两者之间的关系却众说纷纭。有学者指出，监督和激励两者互相替代（Zajac & Westphal，1994；Rediker & Seth，1995；Sundaramurthy，Mahoney & Mahoney，1997）；也有学者认为，两者相互补充（Tosi et al. , 1997; Rutherford, Buchholtz & Brown, 2007; Hoskisson, Castleton & Withers, 2009; Schepker & Oh, 2013; Bell, Filatotchev & Aguilera, 2014）。Milgrom 和 Roberts（1992）勾画出激励和监督作为替代或者互补的理论条件。如果管理层的努力或者努力的结果能够被精确评估，激励和监督就是相互替代的：当管理层的努力能够被精确测量，监督会导致委托人希望的结果；当管理层努力的结果能够被精确测量，代理人的报酬就会被设计为使委托人和代理人的利益相协调。如果测量管理层的努力或者努力的结果有错误的话，激励和监督就是互补的，委托人会同时选择两者，因为从事其中某一项活动都会让另一项活动更有效。

即使使报酬与绩效挂钩，代理人依然能够利用不可避免的信息不对称欺骗委托人。例如，代理人可以选择对他们更有利的会计方法（由于想要保护自己的财富或者使自己的期权价值更高、风险更小，不惜使用误导的披露，Donoher, Reed & Storrud - Barnes, 2007）；在决策时的风险规避水平比委托人希望的更低，因为代理人认为这会导致他们有更高的报酬风险；减少资本支出和 R&D 投资来增加当期利润，这样做提高了代理人的报酬，但是牺牲了企业的长期绩效。因此，即使在高水平的激励下，增加监督也有利于控制上述问题。

2.4 简要评述

本章综述的 3 个方面的研究均有助于我们理解组织二元性的内涵、组织二元性的研究视角、组织二元性与绩效之间的关系以及组织二元性的 2 种结构基础——组织结构分隔和公司治理结构。但是由于这些研究各自的侧重点不同，也都存在一定程度的启示和局限。

首先，组织二元性是涉及非常广泛的研究主题，组织二元性的研究涵盖组织学习、技术创新、组织适应、战略管理、组织设计、竞争优势和组织生存等领域，并且“探索”和“利用”的二分框架被应用到各种研究中，使得组织二元性的研究产生了很多的扩展研究。这些研究一方面极大地丰富了组织二元性的内涵，另一方面也造成了内涵的模糊。组织二元性是本书理论构建中的核心的研究变量，在进行实证研究前，有必要厘清它的内涵。

其次，组织二元性的结构视角、情境视角、顺序视角是达到组织二元性的路径，然而情境视角和顺序视角均存在一定的缺陷，所以本书采用结构视角开展以下的研究。结构视角中最重要的 1 个思路就是将探索性单元和利用性单元分隔开，称为组织结构分隔。通过组织结构分隔，探索性单元可以获得相对的自由，可以不受利用性部门的短期利润导向、迎合客户需求等的约束，关注一些“冷门”的技术或产品，运营一些风险高的项目，从事长期的基础研究工作等。围绕探索性单元的这些任务，会形成不同于利用性部门的有机结构、流程、文化、人员等。与此同时，利用性部门专注地追求利润最大化，保证企业当下生存和资助探索性单元，往往是传统的机械结构、科层制、具有较强执行力等。这样的 1 种组织结构安排方式，给了组织达到二元性的可能。另外，实证证据表明组织二元性对绩效有正向的作用。因此，组织结构分隔能够通过组织二元性影响企业绩效成为了本书第一个研究机制。以往的研究热衷于从理论上或者用案例来说明组织结构分隔能够达到组织二元性，实证研究较少，所以本书将用 1 个实验研究和 1 个实证研究来扩展组织结构分隔的研究。

再次，组织中除了有组织结构，还有很重要的治理结构，组织结构是对管理各个层级的分工和协调，而治理结构是对股东、董事会、监事会、高管团队（尤其是 CEO）之间的权责利分配，两者是 1 枚硬币的两面，紧密相连。以往研究并没有关注到公司治理结构能够影响组织二元性，而本书提出治理结构是另一个影响组织二元性的结构基础，这是以往研究的空白。治理结构是用来解决公司中的代理问题的，尤其是监督和激励，它们会明显地影响管理层行为，减少管理层的自利行为，为整个公司的目标或者说全体股东的利益而行动。高层管理团队（尤其是 CEO）掌握着整个公司的资源调动，对公司的经营活动产生非常重大的影响。CEO 的自利行为表现为，为了快速达到考核要求、提高在任时的业务绩效，往往把资源全部集中在利用性活动上，减少甚至忽略探索性活动。但是，探索性活动对于企业长期生存和适应环境来说是必要的。所以，通过公司治理监督和激励高层管理团队不仅关注利用性活动，还要注意向探索性活动的资源倾斜，来平衡探索性活动和利用性活动，并且促进两者成果的结合。由此可见，公司治理对组织二元性的影响是不同于组织结构分隔的。遵循这一思路，公司治理结构通过组织二元性影响企业绩效的方式成为本书的第二个研究机制。

最后，公司治理结构和组织结构分隔既有区别又有联系，两者的主要区别在于公司治理结构和组织结构分隔是2种不同的达到组织二元性的路径。公司治理结构和组织结构分隔又是紧密相连的2个方面，单独1个方面做得优秀并不能全面地促进组织二元性，只有当2个方面都做得好，上层和基层一起努力，才能真正地达到组织二元性。鉴于两者的交叉关系，本书认为应该将公司治理结构与组织结构分隔综合起来加以研究。所以，组织二元性的2个结构基础——组织结构分隔和公司治理结构，通过组织二元性来影响企业绩效，是贯穿本书的研究路线。

第 3 章

企业组织二元性的维度及其互动——描述性案例研究

3.1 研究目的

组织二元性的研究非常广泛，尤其近年来扩展到组织学习、技术创新、组织适应、战略管理、组织设计、竞争优势和组织生存等领域，所以组织二元性的定义和操作也变得非常繁杂，很多研究将产品、市场、技术、知识、顾客等揉和在一起理解“探索”和“利用”。Nosella 等（2012）指出，许多研究成果模糊了二元性原本的定义和它作为解决“探索”和“利用”矛盾的潜在能力。组织二元性的研究更多的关注“探索”和“利用”这个二分框架在各个研究领域的应用。例如，Benner 和 Tushman（2003）认为，“探索”和“利用”分别是根本创新和渐进创新；Lavie 和 Rosenkopf（2006）将知识形成的 R&D 联盟和知识利用的市场联盟分别对应为“探索”和“利用”；Andriopoulos 和 Lewis

(2009) 的案例研究认为，企业战略导向中的利润导向和突破导向之间的矛盾类似于“探索”和“利用”。Birly 和 Damanpour (2009) 将外部知识应用到新的产品和技术上称为外部知识应用的“探索”，将外部知识应用到精炼组织现存的产品和提高它的过程中称为外部知识应用的“利用”。现有研究并没有深入探讨“探索”和“利用”本身，没有详细说明这 2 类活动具体指的是什么，多注重组织二元性的应用而较少关注其本身的内涵。

鉴于这种情况，本章意欲厘清组织二元性本身的内涵，试图通过一个描述性案例研究，从产品和市场 2 个方面探讨组织二元性的基本维度及其互动。首先，本章在对已有相关研究进行综述的基础上，建立起企业组织二元性的维度及其互动的理论分析框架。其次，以浙江万马电缆股份有限公司为典型案例，对上述理论分析框架进行进一步佐证和阐述。最后，对本章结果进行讨论，并概括理论贡献和实践价值。

3.2 分析框架

现有研究通常将二元性具体到“探索”和“利用”上。“探索”是搜索、变化、承担风险、实验、柔性、发现、创新等；“利用”是精炼、选择、生产、效率、筛选、执行等 (March, 1991)。由于 March 对“探索”和“利用”的定义非常广泛，这就使得“探索”和“利用”的分析框架被学者们广泛应用到技术创新、组织设计、组织适应、战略管理、组织学习等领域，包括生产效率和柔性 (Adler et al., 1999)，探索性创新战略和利用性创新战略 (He & Wong, 2004)，协同和适应 (Gibson & Birkinshaw, 2004)，搜索和稳定 (Siggelkow & Levinthal, 2003, 2005) 等，但并没有对组织二元性的维度内涵进行深入探讨。这其中最重要的原因也许是学者们着力于将组织二元性作为有效的分析框架，引申到他们各自的研究领域中，而并不特别关心组织二元性本身到底应该具有怎样的内涵和维度。例如，Rothaermel 和 Alexandre (2009) 将组织二元性应用到公司的技术来源战略中，认为技术来源的二元性不仅要求成功地平衡已知的和新的技术来源，也要成功地平衡内部的和外部的技术来源。在 Groysberg 和 Lee（2009）的研究中，如果证券分析师被公司成熟的部门雇用就是从事“利用”角色，如果证券分析师被启动的新部门雇用就是从事“探索”角色。Phene 等（2012）则将组织二元性框架应用到公司并购的研究中，认为在并购后并购者变换到被并购公司的核心技术领域为“探索”，在并购后依然停留在自己的核心技术领域为“利用”。这些研究借助了组织二元性中“探索”和“利用”的二分法，但对“探索”和“利用”内涵的分析并没有较大帮助。本章针对现有研究的不足，试图对组织二元性进行基本维度的刻画。

组织二元性是公司或者业务部门结合“探索”和“利用”相关活动的能力（O’Reilly & Tushman，2004），是组织在单个商业单元中同时达到协同和适应的组织能力（Gibson & Birkinshaw，2004），是一种能够有效满足当今市场需求同时适应环境变化的组织能力（Raisch & Birkinshaw，2008），是一种组织层面上的动态能力（O’Reilly & Tushman，2008）。组织要具备上述能力，就必须依赖产品和市场。产品包括了相应的技术、知识、设备、流程等，而市场则包括了渠道、客户、竞争者等。He 和 Wong（2004）开发的测量组织二元性的量表使用进入新产品—市场领域的技术创新活动测量探索性创新战略，使用提高现存产品—市场地位的技术创新活动测量利用性创新战略。Lubatkin 等（2006）认为，探索导向是远离公司现存的技术或产品轨道以及现存的顾客或市场细分，而利用导向是邻近于公司现存的技术或产品轨道以及现存的顾客或市场细分。Jansen 等（2006）定义探索性创新为商业单元远离现存知识和为新兴顾客或市场追求创新商业单元，而利用性创新为邻近现存知识和满足现存顾客的需求。以上研究的共同点是从产品和市场 2 个方面来刻画“探索”和“利用”，但并未体现两者之间的互动。

Voss 和 Voss（2013）明确区分了产品“探索”和市场“探索”以及产品“利用”和市场“利用”，并且从理论上略微提到四者的关系——功能内的二元性和跨功能的二元性。功能内的二元性包括产品二元性和市场二元性，前者是指兼具“探索”新的产品能力和“利用”现存的产品能力，而后者是指兼具“探索”新的顾客市场和“利用”现存的顾客。跨功能的二元性包括产品发展成长战略和市场发展成长战略，前者是指

“探索”新产品的能力，瞄准现存顾客，而后者是“利用”现有产品的能力，以吸引新顾客市场为目标。Voss 和 Voss（2013）还开发了 1 个针对特定研究样本——美国 1 家非盈利性剧院的产品探索、产品利用、市场探索和市场利用——的量表，但这种针对特定样本的量表并不具备可推广性，他们也没有深入解释、测量四者的互动关系。

不过，从产品和市场的角度来刻画组织二元性，被认为是合理的（He & Wong，2004；Lubatkin et al.，2006；Jansen et al.，2006；Voss & Voss，2013）。基于现有的研究，本章尝试提出一个包括 4 个维度及其互动的组织二元性分析框架。这 4 个维度分别为产品探索、产品利用、市场探索和市场利用。产品探索是指引入新一代的产品、扩展产品范围、进入新的技术领域；产品利用强调提高现存产品质量、减少生产成本、提高产量或者减少材料消耗、增加现存产品的回报；市场探索是指积极地进入新的细分市场、吸引新的顾客、使用新的营销渠道；市场利用是指增加现有顾客的购买、持续地调查现存顾客的满意度、增加现存市场的规模经济、为现存顾客扩展服务。

图 3－1 呈现了组织二元性的 4 个维度及其互动的分析框架。产品探索、产品利用、市场探索和市场利用之间存在以下 6 种互动关系：

（1）产品探索和市场探索之间的互动是新产品投放给新客户，或为了开发新客户专门开发新产品；

（2）产品利用和市场利用之间的互动是改进产品投放给现有客户，或应现有客户要求改进产品；

（3）产品探索和产品利用之间的互动是现存产品不断改进最终形成新产品或新技术应用于改进现存产品；

（4）市场探索和市场利用之间的互动是现有客户带来的收益支持企业吸引新客户或通过发现新客户弥补现有客户流失带来的损失；

（5）产品探索和市场利用之间的互动是新产品投放于现有客户或现有客户提出要求推动新产品研发；

（6）产品利用和市场探索之间的互动是新产品投放于新客户或为适应新客户的要求改进现存产品。

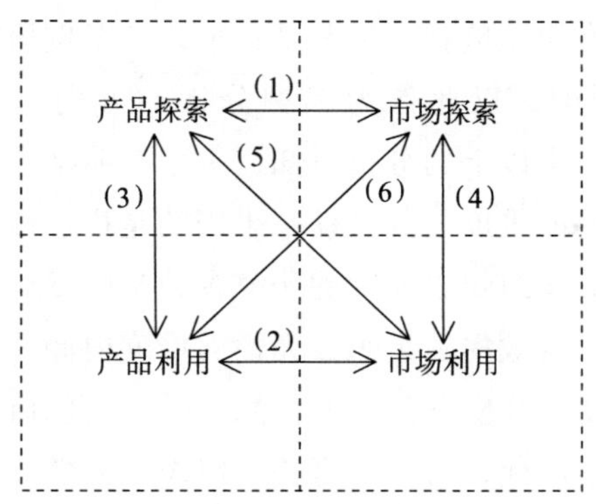

图 3-1　组织二元性的 4 个维度及互动

3.3 研究方法

3.3.1　研究性质

本子研究拟采用描述性单案例方法探讨企业组织二元性的维度及其互动，原因有以下几点。

首先，“案例研究是探索难于从所处情境中分离出来的现象时所采用的研究方法”，而在特定的市场准入情境下对企业战略决策制定的研究并非涵盖了一般性的组织层面的决策过程，需要对现实企业在新市场中的具体运作情况进行直接而深入地观察，尤其是为了阐释“市场进入者的已有经验与战略决策制定过程中各种类型的启发式之间是否存在一定的因果关系”这种“怎么样、为什么”类型的问题时，案例研究是较为适用的研究方法（殷，2010）。

其次，根据研究性质与目的的不同，案例研究可以分为以下 3 种类型：探索性案例研究（exploratory case study）、解释性案例研究（explanatory case study）和描述性案例研究（descriptive case study）。探索性案例研究是形成研究问题的试探性研究，可得出一些实证研究的方向和命题；

解释性案例研究通常用于阐释因果关系；描述性案例研究是在研究前就有一个明确的理论框架，以此作为案例分析的方向（Yin，1994；Tellis，1997；Berg，2001）。由以上的分析可知，本章在明确了理论框架的基础上刻画企业组织二元性的维度及其互动，采用的是描述性案例研究方法。

再次，现有的关于组织二元性的研究多数是问卷研究，其信息具有局限性、静态性，难以有效揭示组织二元性的维度内涵及其互动，而案例研究法则能够获取丰富、详实和深入的信息，并且案例研究还可以很好地捕捉动态演变的过程。因此，为了获得关于组织二元性的维度及其互动的充分的、长期的信息，本章适合采用案例研究法。

3.3.2 案例样本

Eisenhardt（1989b）指出，在案例研究中，选择合适的案例是非常重要的。在选择案例样本的过程中，作者充分考虑案例研究的外部效度和理论类推性，采用了理论抽样（theoretical sampling）的方式：本章的分析单元是商业情境中的企业组织，故从企业的行业环境、组织规模、发展阶段、产品和市场的二元性以及数据可获得性等诸多方面尽可能地保证案例样本的代表性和数据的丰富性，以寻找最有可能清晰反映和刻画聚焦的理论维度及其互动的典型案例。

本章对于案例公司的选择，遵从以下 5 个标准：第一，企业必须处在竞争非常激烈的行业中。只有在这样的行业中，企业才一方面要不断提高效率，另一方面须不断探索新的技术和市场以寻求可持续发展；第二，企业必须在产品和市场 2 个方面都有比较明显的探索性行为和利用性行为；第三，企业必须具备一定程度的组织二元性，具有优秀的管理能力，适合抽取理论和经验推广；第四，企业必须在发展中出现过促进自身长期生存和发展的重要事件，可以清晰地刻画出组织二元性的变化过程；第五，企业的信息和数据必须有较强的可得性。

浙江万马电缆股份有限公司（以下简称“万马电缆”）是一家同时满足以上 5 个标准的企业。第一，中国电线电缆行业近 20 年发展迅速，企业的数量不断增加，行业产值突破万亿元。但最近 10 年发展过程中中国电线电缆行业企业不断围绕低端产品展开激烈竞争，利润越来越微薄，经营越来越困难。同时，知名外资企业也在中国布局，占据高端产品市场，并逐步蚕食中国电线电缆企业原有的低端产品市场。因此，电线电缆行业的竞争趋于白热化；第二，万马电缆成立了研发部和工艺技术部，前者专门负责研究新产品，后者专门负责改进现有产品，而且万马电缆还成立了海外销售团队开发新客户，并不断提升客户服务，从传统的售后服务发展为参与售前测量等工作以维护老用户；第三，万马电缆一方面引入 ERP 系统、OA 系统等降低内部运营成本，另一方面每年投入占营业收入 3% 左右的研发费用用于开发新产品、拓展新市场。这样的"两手抓"在持续了一段时间后见到了显著成效。当前，万马电缆已成为浙江省第一大电缆企业，是中国电线电缆行业中具有代表性的企业；第四，万马电缆在 2009 年上市，同年 10 月顺利通过 220kV 交联电缆预鉴定试验，并上马特种电缆项目。2012 年，万马电缆进入布电线领域，同年收购了浙江万马高分子材料有限公司、浙江万马天屹通信线缆有限公司、浙江万马集团特种电子电缆有限公司 100% 的股权。这些具有代表性的重大事件能够反映该企业的转变过程；第五，万马电缆是 1 家上市公司，公开数据比较丰富，且其上市初期的信息可以通过访谈、企业内部资料等渠道获取。

3.3.3　资料搜集

案例研究中的资料搜集是保证研究具备一定信度和效度的重要基础。在信度方面，本章在案例调研开始前准备了包括研究目的、研究问题、研究程序和研究报告结构在内的详细计划，并在后期建立起由从各种渠道获取的案例资料及分析报告组成的研究资料库，因此可以进行多次往复分析。在效度方面，遵循"证据三角形"原则（Patton，2002），即研究者要采用多种渠道收集数据以形成"证据三角"，增强证据间的相互印证性（Yin，1994）。本案例研究的信息来源主要有以下 6 种，即文献、档案记录、访谈、直接观察、参与性观察和实物证据。另外，资料后期分析的过程中保持与企业相关人员的沟通和讨论，最大程度地保证研究的建构效度。

在调研过程中，本章以面对面的深度访谈为主，辅以公开信息、内部档案、技术文献、实地观察和电邮回访等方式进行研究资料的搜集，并对万马电缆进行了 3 个阶段的调研。

第一阶段是搜寻与万马电缆有关的公开信息，包括 2009 年公司的首次公开发行股票上市公告书、2009—2013 年万马电缆每年的年报、公告、报道、证券分析报告等。浏览万马电缆官方网站上披露的信息，以了解企业的经营范围、发展沿革、组织结构、公司治理、品牌文化等各项基本情况，确定企业满足本案例研究的需要。

第二阶段是分别对涉及技术和市场相关部门的人员进行半结构化访谈。半结构化访谈是基于已拟好的访谈提纲请受访者回答相应的问题。每次半结构化访谈的时间约为 2 个小时，访谈完成后作者在第一时间将通过录音和笔录的访谈笔记转换为正式文本，并针对文本中存在的模糊不清的内容对受访者进行回访校验。在每次访谈结束后，作者在公司进行直接观察或参与性观察，并索取万马电缆的企业宣传册、《万马报》、企业 ERP 系统、省级新产品鉴定证书等企业内部资料。

第三阶段是作者多次通过电话、邮件、微信方式访谈企业高层管理者，询问在面对面的访谈中是否有遗漏的内容，补充万马电缆的市场、客户、技术、研发等有关的内容。

对万马电缆的调研从 2013 年 10 月开始，至 2014 年 4 月结束。表 3 - 1 所示的是对万马电缆的销售部门和技术部门高层管理人员、中层管理人员和普通员工进行半结构化访谈的基本情况。

表 3 - 1　　企业访谈的基本情况

编号	访谈时间	主要访谈对象	职位	采访内容
1	2013 年 10 月 18 日	周先生	销售副总经理	万马电缆的客户、销售渠道、销售团队、新产品推销等
2	2013 年 11 月 13 日	刘先生	技术副总经理	万马电缆的技术特点、设备、流程、成本和质量控制、新产品项目等
3	2014 年 3 月 6 日	郑先生	研发部经理	万马电缆的研发投入、产品类型、新产品介绍等
4	2014 年 4 月 16 日	郑先生	研发部经理	详细深入地介绍较有代表性的新产品及相应的流程改进
5	2014 年 4 月 16 日	杨女士	销售部副总经理	销售部和研发部之间的互动沟通、销售部和客户之间的互动
6	2014 年 4 月 16 日	陈先生	销售业务员	推广新产品的经历、与客户接触的经历、与研发部互动的经历
7	多次电话、邮件、微信访谈	周先生、刘先生	销售副总、技术副总经理	万马电缆的市场、客户、技术、研发等的补充内容

3.4
案例描述

3.4.1　万马电缆企业简介

浙江万马电缆股份有限公司起源于 1992 年创建的浙江万马电缆厂，1996 年改制设立为有限责任公司，2007 年整体变更为股份有限公司，2009 年 7 月在深圳证券交易所上市。公司占地面积近 20 万平方米，拥有员工 1300 余人。其中，工程技术人员 150 余人，高级技术管理人员 35 人。

公司拥有一流的制造和检测设备，主要产品有 500kV、220kV 超高压交联电缆，110kV、66kV 高压交联电缆，35kV 及以下中低压交联电缆、塑力电缆、控制电缆、特种电缆等共 180 多个品种。“万马神”牌交联电缆是浙江省名牌，在全国各省市电网系统，铁路、石化、冶金行业工程中重点使用。公司连年被列入“中国电气工业 100 强”，2007 年被列入“中国电气工业创新力 10 强”榜，先后获得中国最具投标实力电缆制造商 10 强、轨道交通企业自主创新 50 强、中国制造业 500 强等诸多荣誉。

3.4.2　案例分析

产品探索、产品利用、市场探索、市场利用这 4 个相对独立并且有一定程度互动的要素共同构成了一个截面。表 3 – 2 列出了作者在企业调研中搜集到的 2006—2013 年万马电缆的具体资料和典型引用，并对每一个维度都进行了具体的解释。

1. 产品探索和产品利用

产品探索和产品利用具体体现在企业的专利、省级新产品鉴定、企业的研发投入等方面。截至 2014 年 3 月 12 日，万马电缆共有专利 140 项。其中，发明专利 14 项，实用新型专利 125 项，外观设计专利 1 项（如表

表 3-2 组织二元性在案例企业中的具体解释和典型引用

要素	解释	典型引用
产品探索	• 进入新的技术领域 • 引入新一代的产品 • 创造对公司来说是创新的产品或者服务	• "……坚持'试制一代，研发一代，储存一代'的原则……" ——技术部副总经理 • "公司 2009 年在研发方面加大投入，硕果累累，全年申报发明专利 3 项，实用新型专利 17 项，获得实用新型授权 14 项，并通过了国家高新技术企业认定。" ——2009 年年报 • "2012 年，万马电缆的主营业务范围发生了较大幅度地变化，由电力电缆拓展到高分子电缆料、通信电缆领域。" ——2012 年年报
产品利用	• 提高现存产品质量 • 减少生产成本 • 提高产量或者减少材料消耗 • 持续地提高产品和服务的可靠性	• "公司制定了一系列的激励措施，对技术人员设置了特殊贡献奖、专利项目奖、科技攻关奖，持久推进一线员工进行'小改善'，实现'小进步'……" ——企业宣传册（第二版） • "电缆行业要精打细算，一根电缆要称分量，要在标准范围内，否则料用的太多，就不合算了。" ——技术部门某员工
市场探索	• 积极地进入新市场细分 • 积极地瞄准新的客户组 • 发展新的销售渠道	• "我的工作精力分配是开发新客户 70% ，维持现存客户 30% 。" ——某销售员 • "新客户的开发是公司市场布局的战略，是我们的工作重点。" ——销售总经理 • "公司在继续优化直销模式的基础上，进一步丰富渠道体系：一方面着手培养资金实力雄厚并且信誉良好的经销商，另一方面成立了进出口业务部，建立外贸销售队伍，在自主开拓海外市场的同时，与中国通用机械工程总公司等单位建立战略合作关系共同开拓海外市场。" ——招股说明书
市场利用	• 持续地调查现存顾客的满意度 • 调整产品和服务来保持现存顾客满意 • 更深入地开发现存的顾客群 • 提升现有销售渠道的效率 • 改进现有促销手段	• "我们最长有维持 15 年关系的老客户如杭州供电局，临安供电局等""我们公司 70% 左右的客户是长期的，客户总体还是非常信任我们公司的。" ——市场部门某经理 • "随着公司的发展，售后服务部的人员有所增加；另外，随着公司产品的不断延伸，以前只能讲售后，将产品使用过程中的问题解决，现在却是售前服务，特别是特种电缆，我们会参与客户的测量等前期工作。" ——销售总经理

3 -3 所示）。在这些专利中，电缆类专利 59 项，模具设备装置类 71 项，工艺方法类 9 项，标牌 1 项。电缆类专利属于产品探索范围，其中一部分电缆因为创新的材料配方、产品结构而通过了省级以上新产品鉴定。模具设备装置类和工艺方法类专利属于产品利用范围，因为这些专利为了在企业实际生产中减少消耗、提高效率而设计的。

表 3 -3　　万马电缆的专利、省级以上新产品鉴定一览表　　单位：项

年份	发明	实用新型	外观设计	省级以上新产品鉴定
2006	0	0	0	1
2007	1	2	0	0
2008	1	1	0	0
2009	3	13	1	6
2010	3	17	0	5
2011	0	19	0	7
2012	4	17	0	5
2013	2	36	0	7
2014 年 3 月 12 日止	0	20	0	0
总计	14	125	1	31

数据来源：中华人民共和国国家知识产权局，http：//www. sipo. gov. cn/zljs/。

万马电缆在 2006—2014 年 3 月 12 日通过省级以上新产品鉴定的电缆达到 31 项。省级以上新产品反映了产品探索的力度，因为如果想要通过省级新产品鉴定，产品就需要有很大程度的变化和创新，查新报告也必须证实市场上没有申报此种产品。万马电缆对产品探索和产品利用的重视程度逐年增长，这从表 3 -4 中公司逐年增加研发投入可见一斑。万马电缆的研发项目既包括研发新一代产品如超高压直流电缆、26/35kV 海洋石油平台软电缆等，也包括模具设备装置和工艺方法。

表 3 -4　　万马电缆逐年研发投入表

年份	研发投入（万元）	营业收入（万元）	占当年营业收入比重（%）
2006	179. 06	84362. 35	0. 21
2007	353. 04	113236. 17	0. 31
2008	341. 42	161634	0. 21

续表

年份	研发投入（万元）	营业收入（万元）	占当年营业收入比重（%）
2009	4854.89	148342.26	3.27
2010	6975.03	214442.26	3.25
2011 （2011 年口径追溯调整）	7917.71 （4403）	260163.44 （356618）	3.04 （1.23）
2012（统计口径调整*）	7064	385094	1.83
2013	13684	485563	2.82

注：*代表万马电缆在 2012 年报告期内发行股份购买了万马高分子、天屹通信、万马特种 3 家公司 100% 的股权，因此统计口径进行了调整，下同。

万马电缆的产品从 1992—2012 年经历了 3 次扩张。1992 年，万马电缆的主营业务是中低压电力电缆，2006 年则拓展至高压电缆领域，2009 年上马超高压电力电缆和特种电缆，2012 年进入民用布电线领域（如图 3－2 所示）。每一次领域的扩张都代表着相应的一系列的产品探索。

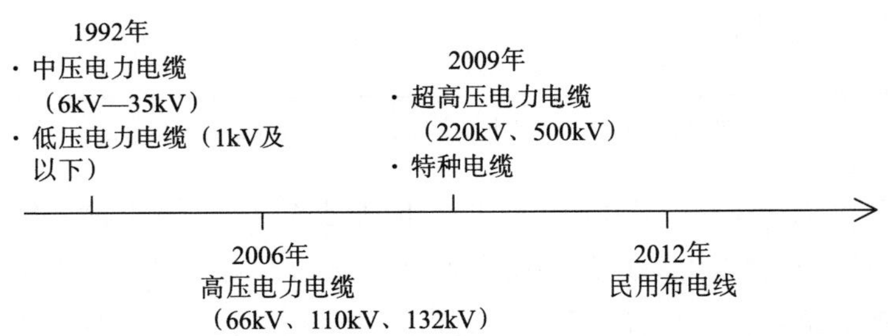

图 3－2 万马电缆产品演进图

为了使读者更好地理解产品探索，下面简略对万马电缆通过省级新产品鉴定的一些电缆加以介绍。电缆的基本结构从内到外分别是导体、导体屏蔽、绝缘、绝缘屏蔽、金属护套、非金属护套。根据电缆使用的不同环境可以对电缆结构或者各层的材料进行变换，所以电缆的研发基本上有 3 个方向：（1）绝缘或护套的材料即基于橡胶和塑料的研发。不同环境中使用的材料配方是不同的；（2）金属材料。常用的材料有铜、铝和铝合金，铝合金里的成分配方是不同的；（3）产品结构。可以根据环境增加阻水层、阻火层等。

为了使读者更好地理解产品探索，下面具体介绍万马电缆通过省级产品鉴定的一些电缆。

(1) 风力发电机运行环境恶劣，而且长年累月不停运转，所以要求电缆耐严寒、耐扭曲。某长期客户向万马电缆提出需要耐 -55℃严寒环境并且扭转次数尽量多的电缆。面对客户的特殊需求，万马电缆开发出0.6/1kV 风力发电用耐扭转软电缆。这种电缆要求导体、绝缘和护套都耐扭转，前两者比较容易解决，但是护套直接暴露在寒冷环境中，现存的护套料达不到要求，须改变护套料的配方。交联电缆护套配方的基础原材料是聚乙烯，万马电缆的研究人员通过增加抗氧剂、交联剂、特殊材料添加剂等，改变了聚乙烯的分子结构，增加了交联度，提高了材料含胶量。经过反复试验，万马电缆制成了耐 -55℃严寒的0.6/1kV 风力发电用耐扭转软电缆。该成品电缆在 -55℃及以下的低温环境下，能经受正反各4转为一次、扭转角度为360°、次数不少于2000次的抗扭转性能试验，产品性能处于国内领先水平。这是体现在护套材料配方变化方面典型的产品探索。

(2) 随着我国经济水平的提高，城镇居民用电需求快速增长，电缆的电压等级也越来越高。高压、超高压交联电缆作为重要的主干电路输电设施，一旦出现长时间故障很容易导致电缆被击穿，造成较大的影响和经济损失。如果能够检测电缆是否正常运行就能避免不必要的损失。电缆的超负荷运行会导致温度迅速升高、绝缘加快老化，大大缩短产品的使用寿命。如果能够测量电缆运行时的温度，就能知道该电缆是否正常运行。万马电缆基于这种思路设计的早期产品是将测温光纤盘绕在电缆的表面，但由于热量是从电缆内部导体发出的，到电缆表面后热量已散发，导致测温非常不准确。2011年，万马电缆把测温光纤包裹在绝缘和护套之间，开发了智能型高压、超高压交联电缆（66 kV—220kV）。这次改进使电缆测温技术有一定的进步，但测温结果还是不准确。万马电缆没有停止探索的脚步，公司研发人员认为最准确的测温方式就是把光纤放置在导体内部，但是存在一个技术难题——在制作电缆时导体要被挤压，由于光纤质地较脆，如果将光纤放在导体内，光纤必然会被挤压变形——一直没能解决。2012年，万马电缆研发的导体内置测温光纤110kV 电力电缆很好地解决了这一问题，根据导体截面重新设计计算导体单丝直径、导体单丝排列方式和每层的紧压系数及绞合节距等，给测温光纤预留出一个通道，将测温光纤在皱纹铝套纵包焊接时内置，用皱纹铝套保护测温光纤受外力挤压，既能保证导体电阻合格又能减少最内层导体对光线的压力，并且采用紧压承载力较大的带钢管铠装的测温光纤，实现将测温光纤放在导体中心处精确测温（如图 3－3 所示）。因为导体内部长期发热，所以测温光纤也采用的是耐高温光纤。这次产品探索的成功依赖于产品结构的变化。

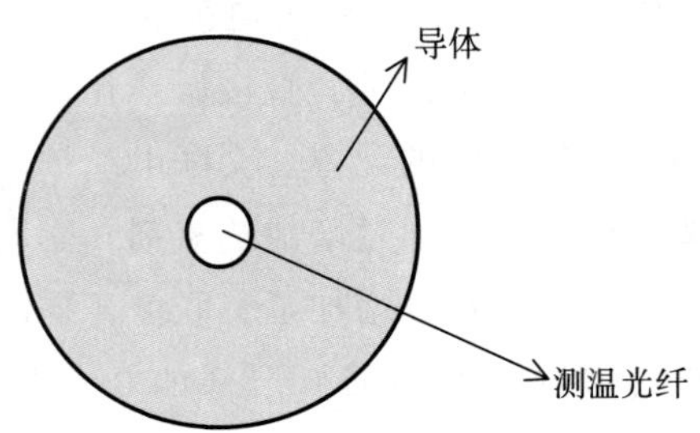

图 3－3　导体内置测温光纤 110kV 电力电缆结构图

（3）电缆如果暴露在温度非常高的环境下（例如，在冶金行业中），就需要具备耐高温的特性。目前，我国冶金行业通常使用昂贵的进口电缆或者索性使用普通的橡套电缆，后者一般 2—3 周就要更换，并且其有很多安全隐患。万马电缆开发了一种优质的耐高温电缆——超级耐高温冶金用软电缆。这种电缆的独特之处有以下 2 点：第一，绝缘层内外都采用了特种耐高温保护层。绝缘层外是无碱玻璃纤维丝编织的加强型防护，绝缘层内导体外是合成型云母带；第二，护套采用的橡胶是高温硫化硅橡胶，它在加工时采用气相法四氧化硅补强、三氧化钼阻燃的工艺特点，并采用结构控制剂、补强填剂、抗氧剂、阻燃剂等独特配方，显著提升了产品的耐高温能力。由于独特的结构设计和橡胶配方，万马电缆开发的耐高温电缆寿命长（3—4 个月），短时可耐小于等于 1150℃ 高温钢水或高热液体的冲击。超级耐高温冶金用软电缆的产品探索体现为产品结构和橡胶配方的同时变化。

（4）电缆在潮湿的环境中使用容易受潮，会严重降低电缆的电气性能，最终导致电缆被击穿，影响电网的安全稳定运行。抗水树电缆绝缘料的应用意味着中压电缆更低的故障更换率，保证电网的安全稳定运行，减少因电缆故障而产生的隐性成本。与万马电缆合作的电力公司非常希望万马电缆能够研发出抗水树电缆，甚至愿意负责开发这种电缆的推广工作。但是在 2009 年，中国国内还没有制造抗水树电缆的材料。万马电缆为了研发交联聚乙烯绝缘抗水树电缆进口了陶氏化学的抗水树交联聚乙烯绝缘材料。由于采用了新的绝缘材料，万马电缆需要调试设备、模具、工艺流程以配合该绝缘材料。万马电缆抗水树电缆的研发成功填补了我国市场空白，并直接使万马电缆子公司万马高分子公司研发抗水树绝缘材料。据此，万电电缆就可以使用万马高分子公司研发的绝缘材料而不再依赖于进口。目前，抗水树电缆在国内市场的销量并不理想，因为国内市场还未形成对抗水树电缆的消费意识，但是出口国外市场的销量却非常好，因为国外市场已经认可了该种电缆。采用抗水树电缆可以大大提高中压电力电缆的使用寿命（通常不低于 30 年），是普通中压电力电缆使用寿命的 2 倍以上。这就意味着应用抗水树电缆后，在产品生命周期内大大节约了铜、铝、聚乙烯等材料的消耗，有效降低了电缆的击穿故障率，有力地推进了电缆行业的绿色发展。

（5）太阳能技术将成为未来的绿色能源技术之一。目前，政府和私人投资者都在积极建造光伏厂。光伏厂应选取高质量的部件以避免高昂的维修和维护费用，并符合长期投资目标。如果未能采用太阳能专用电缆，将会影响整个系统的使用寿命。太阳能光伏电缆就是在这个背景下应运而生的。光伏电缆需要具备抗臭氧、耐紫外线、耐高温、耐严寒、阻燃等特点。万马电缆为了使其生产的光伏电缆具备这些特点，在护套和绝缘配方内添加了紫外光吸收剂、增塑剂，使护套可以耐紫外线并且绝缘和护套耐温等级能够达到 125℃。其他厂家研发的太阳能光伏电缆与万马电缆的配方不同，性能也有差异。

（6）铺设电缆和铺设光纤都需要动用大量的人力、物力，并会在短期内在一定程度上对人们的正常生活造成影响。如果将电缆和光纤制作为一体，则只需一次铺设即可完成。基于这样的设计思路，万马电缆在 2011 年借鉴了智能型高压和超高压交联电缆的开发成果，开发了光纤复合低压电缆。通过电缆结构、绝缘层和护套层材料等优化设计，万马电缆研制开发了集光纤通信和电力传输功能于一体的光纤复合低压电缆，用于“多网合一”。目前，对该产品的标准尚存争议，电力电缆和通信光纤 2 个部门之间尚待协调，市场还未完全放开。

（7）近年来，由电缆引起的火灾事故越来越多，电缆防火性能的优劣直接决定了火灾发生时生命、财产损失的多少，所以市场对防火电缆的需求越来越大，并且对电缆防火性能的要求也越来越高。2013 年，万马电缆研制的超级新型防火电缆（低压电缆）采用云母带和新型陶瓷化耐火复合带作为复合绝缘层，并用耐高温无氧铜带、不锈钢带轧纹护套作为防水、防火层，能在高温下保护绝缘层不松散、不烧坏，并在救火和意外情况下均能保持线路完整性。万马电缆在中压耐火电缆的开发方面也取得了突破。重要工程（特别是地铁、高层建筑、电站等）的中压级主干电缆需要具备不可间断性，即在发生火灾情况下还能保持通电，这就对中压线路耐火性提出了要求。中压耐火电缆的设计关键点就是对绝缘层的温度保护设计。换言之，就是保证电缆在高温下绝缘不变形和电缆绝缘的性能。中压电缆的结构比低压电缆的结构要复杂得多：10kV 及以下超级耐火交联电缆采用陶瓷化硅橡胶和无卤低烟阻燃玻璃纤维带作为复合防火层，采用双层无卤低烟聚烯烃料挤包作为隔氧层，在结构设计上设计多层隔热、隔氧、防火阻燃层，具有多层保险，既能确保电缆在燃烧环境下阻燃，又能阻隔高温向电缆内部传递。万马电缆开发的中压耐火电缆与其他厂家相比，防火性能更为突出，是电压电缆中真正价廉物美的耐火产品。

（8）机场助航灯回路用埋地电缆是万马电缆 2013 年的新产品，该产品出现的背景是中国迎来了新一轮机场建设的繁荣期。“十二五”期间，中国计划建设 82 个新机场，改扩建 101 个机场。现代化大型机场吞吐量大、起降密集的特点要求机场助航灯回路用埋地电缆具有更高的稳定性、安全性和更长的寿命。但电缆长期埋在地下容易产生“水树”，危害电缆的正常使用。万马电缆研发机场助航灯回路用埋地电缆正是为了满足以上市场需求。为了防止或减缓水分侵入绝缘层，万马电缆采用抗水树交联聚乙烯绝缘材料，同时在绝缘屏蔽和金属屏蔽之间增加了一层半导电阻水带，最大程度阻水，降低“水树”产生的可能性，延长产品寿命，提高产品稳定性。浙江省科技信息研究院的查新报告指出，采用交联聚乙烯作为绝缘料产品结构或者采用半导电阻水带作为阻水层均已有报道，但是将两者结合起来尚无前例。一方面有市场需求的推动，另一方面公司具有相关的交联聚乙烯产品和 3 层共挤技术、控制电缆偏心技术等，就促成了将交联聚乙烯作为绝缘料并且增加阻水层，研发出了机场助航灯回路用埋地电缆，弥补了市场上现有产品防水功能的不足。

（9）2013 年，万马电缆开发出环保型高导电塑料护套综合贯通地线。贯通地线的使用环境主要在地下，要求其必须具有良好的耐土壤腐蚀性能。目前，贯通地线普遍采用铜导线外包铅或铅锡合金进行防腐，但铅元素在地下会渗透到土壤或河流中造成环境污染。随着环保意识的增强，对贯通地线无污染、耐腐蚀、环保的要求越来越迫切。万马电缆需要寻找一种既表面导电又环保的护套材料——环保型高导电塑料护套料。为何称为高导电呢？因为已有其他公司将体积电阻率在0.7—2.3Ω.cm的导电塑料用于环保型铁路贯通地线护套，但是万马电缆与供应商合作将导电塑料的体积电阻率降低到不大于0.7Ω.cm，提高了导电性能，故称之为高导电。由于环保型高导电塑料护套料包含各种填充添加剂，挤出时胶料的黏度特别大、流动性差，所以万马电缆还在生产工艺上进行了相应的设备、模具和参数的调整。

以上通过对几种电缆生产背景、技术特点的介绍，初步展现了产品探索的内容。为了进一步加以说明，表3-5展示了万马电缆通过省级新产品鉴定的产品创新点，并说明了产品探索体现在何处。

表3-5 部分万马电缆通过省级新产品鉴定的产品探索一览表

新产品名称	年份	创新点	产品探索
交联聚乙烯绝缘抗水树电力电缆	2009	进口陶氏化学的抗水树交联聚乙烯绝缘材料，并调试设备、模具、工艺流程以配合该绝缘材料，抗水树电缆的研发成功填补了市场空白，并直接导致集团子公司万马高分子公司研发抗水树绝缘材料	绝缘料的变化
太阳能光伏电缆	2010	在护套和绝缘配方内添加紫外光吸收剂、增塑剂，使护套可以耐紫外线并且绝缘和护套耐温等级达到125℃	护套和绝缘料配方同时变化
智能型高压、超高压交联电缆	2011	智能型高压、超高压交联电缆（66kV—220kV）将测温光纤在皱纹铝套纵包焊接时内置，皱纹铝套可以保护测温光纤不受外力挤压，避免光纤断裂。测温光纤在皱纹铝套内部呈S形分布	产品结构变化
光纤复合低压电缆	2011	通过电缆结构、绝缘层和护套层材料等优化设计，集光纤通信和电力传输功能一体，用于“多网合一”	产品结构变化
10kV及以下超级耐火交联电缆	2011	设计多层隔热、隔氧、防火阻燃层，具有多层保险，既确保了电缆在燃烧环境下阻燃，又能阻隔高温向电缆内部传递，主要适用于对阻燃耐火有较高要求的中压输变电线路	产品结构变化
机场助航灯回路用埋地电缆	2013	采用交联聚乙烯作为绝缘材料，同时在绝缘屏蔽和金属屏蔽之间增加了一层半导电阻水带	产品结构和绝缘料同时变化

续表

新产品名称	年份	创新点	产品探索
环保型高导电塑料护套综合贯通地线	2013	使用一种既表面导电又环保的护套材料——环保型高导电塑料护套料，导电塑料的体积电阻率不大于0.7Ω. cm	护套料的变化
超级新型防火电缆	2013	采用云母带和新型陶瓷化耐火复合带作为复合绝缘层，并用耐高温无氧铜带或不锈钢带轧纹护套作为防水、防火层	产品结构变化

除了努力研发新一代的电缆产品，万马电缆还一直致力于改进现有电缆的生产装备、生产方法和生产工艺等，以达到降低原材料消耗、提高生产效率、减少材料浪费、保证产品质量的目的。万马电缆将其生产过程中的一些装置、工艺和方法申报了专利，表3－6中的部分专利体现了企业在产品利用方面持续付出的不懈努力。

表3－6　　部分体现产品利用的专利

名称	特点	日期
可在线拆卸的电缆复合式模具	一副模具能开两种规格绝缘线芯；改变生产规格时不需要停机更换模具，明显节省能耗；偏心度较好	2007年10月10日
铝大拉拉丝工艺	通过对拉丝油、模具及工艺的改进，较好地解决了铝大拉拉丝过程中圆铝线表面油污污染的现象，提高了圆铝线表面的清洁度，保证了产品质量的稳定提高	2007年9月5日
电缆阻水层静电喷涂方法	针对现有技术存在的电缆阻水材料包覆不均匀，过多的阻水材料易破坏电缆的结构，过少的阻水材料不能起到完整的防水效果等问题，提供一种使阻水材料包覆均匀的电缆阻水层静电喷涂方法：在阻水粉颗粒外包覆热塑性弹性体，通过摩擦使得阻水粉颗粒带电，在喷涂时能够提高吸附效率	2008年6月25日
铜渣分离装置	对铜杆生产过程中产生的铜渣进行粉碎后，将铜渣与木炭充分分离，以达到将铜渣回炉重新利用、降低生产成本的目的	2009年3月18日
电缆挤塑偏心控制装置	支架上方架设有支撑板，支撑板上分别设置有水平调节转轴和高度调节转轴，水平调节转轴由两组活动调节柱构成，偏心控制理想、生产成本低、操作简便、工作效率高	2010年10月27日

续表

名称	特点	日期
橡胶过滤装置	机头内嵌设有过滤板，过滤板上靠近螺杆的一侧敷设有过滤网，过滤网与螺杆之间留有空隙构成存料空间，过滤板另一侧通过定位板卡设在机头内，具有存料空间较小、能够彻底解决橡胶材料烧焦的问题、节省材料、使用方便等特点	2011 年 4 月 6 日
电缆盘与托架的快速连接装置	电缆托架上设置有一个或多个空心齿轮轴，空心齿轮轴通过吊装锁链与挂钩相连，挂钩固定在电缆盘沿处的沟槽中，安装简便、安全性好、调节方便、成本低廉	2012 年 8 月 1 日
节能环保沥青涂抹机	电缆通道上设有沥青循环轮，沥青循环轮上设有流量控制阀，电缆通道下部安装有沥青加热回流装置，沥青涂抹均匀、节能环保、节省机油成本、安全性好、生产效率高	2013 年 2 月 13 日
交联废线自动剥线机	基座内设置有电机，通过传动装置与转轴相连，转轴经减速机与导线轮连接，上方设置有刀片，刀片架设在可上下移动的滑座上，结构简单、安装方便、实用性强	2014 年 3 月 12 日

2. 市场探索和市场利用

2006—2011 年，万马电缆主要以电力电缆为主营业务，其主要客户分为 3 类，即国网公司及其关联企业、行业客户（铁路、石化、冶金）和一般用户工程。万马电缆的市场探索和市场利用分别体现为对新客户的发现和对老客户的维护。国网公司及其关联企业一直是万马电缆的主要客户，但是行业客户和一般用户工程业务占比的逐年增加，特别是一般用户工程业务占比的增加，说明了万马电缆在抓住主要客户的基础上，还积极拓展新的客户，平衡市场探索和市场利用（如表 3－7 所示）。

表 3－7　　万马电缆客户分类占比表　　单位：%

年份	国网公司及其关联企业占比	行业客户（铁路、石化、冶金）占比	一般用户工程占比
2006	66.80	9.88	23.31
2007	55.74	12.24	32.02
2008	56.24	19.77	23.99
2009	59.87	13.92	26.22
2010	53.18	16.56	30.26
2011	54.37	13.66	31.96

按万马电缆客户的订单金额排名前5名客户也可以反映这个情况：上海宝山钢铁股份有限公司在2007年和2008年、广东电网公司广州供电局在2010年和2011年、天津市城区电力物资公司在2011年和2012年都连续2年出现在前5名客户名单中，说明万马电缆的客户黏性较好；进入前5名客户名单的公司每年都在更新，说明万马电缆在维护老客户的同时还在不停地寻找新客户（如表3-8所示）。

表3-8　2006—2012年万马电缆按客户订单金额排名前5名客户名单

年份	前5名客户
2006	武汉华源电力物资有限公司、开曼铝业（三门峡）有限公司、宁波经济开发区杭电贸易有限公司、临安电力物资公司、上海宝冶建设有限公司电气设备安装分公司
2007	上海宝山钢铁股份有限公司、天津市万博物流有限公司、余杭电力物资公司、厦门集力发展股份有限公司、浙江永宁龙机电有限公司
2008	天津电力物流管理中心、上海宝山钢铁股份有限公司、山西省电力公司、宁波经济技术开发区诚志电气有限公司、孝义市兴安化工有限公司
2010	东北特殊钢集团有限责任公司、天津市城区电力物资公司、厦门亿力电力物资有限公司、苏州兴创电力器材有限公司、广东电网公司广州供电局
2011	天津市城区电力物资公司、石家庄供电公司、天津市电力公司、东北特殊钢集团有限责任公司、广东电网公司广州供电局
2012	天津市城区电力物资公司、浙江省电力公司、北京市轨道交通建设管理有限公司、远东电缆有限公司、中建工业设备安装有限公司

万马电缆的客户地理位置分布也能反映其市场探索和市场利用的状况。2006—2013年，万马电缆的主要客户一直在华东地区，说明万马电缆一直在维护华东地区的老客户（如表3-9所示）。华北地区、华南地区和其他地区原本占主营业务的比重不是很大，但是都逐年增加，说明万马电缆一直在坚持对新区域市场的拓展、挖掘、发现、探索。

表3-9　2006—2013年万马电缆主营业务收入分区占比情况　单位：%

年份	华东地区占比	华中地区占比	华北地区占比	华南地区占比	其他地区占比
2006	48.77	25.00	16.95	5.01	4.27
2007	55.52	15.49	20.13	5.06	3.80
2008	48.29	16.89	20.43	7.09	7.30

续表

年份	华东地区占比	华中地区占比	华北地区占比	华南地区占比	其他地区占比
2009	49.90	12.49	19.48	10.35	7.78
2010	40.10	10.91	18.92	16.14	13.93
2011	35.38	12.44	30.06	10.52	11.60
2012	40.06	11.41	20.01	12.72	15.80
2013	32.24	14.67	20.18	13.82	19.09

2012年，万马电缆通过收购万马高分子、天屹通信、万马特种3家公司100%股权，形成了3类主要产品——电力电缆、通信电缆和高分子材料。通过股权收购的方式，万马电缆的产品和市场都得到了拓展。

3. 组织二元性4个维度的互动模式

由于产品探索、产品利用、市场探索、市场利用每一项活动都需要消耗人、财、物，从表面上看，在有限资源的情况下以上四者是在争夺企业稀缺资源，四者可能呈现此消彼长。但是万马电缆商业实践表明，这4个维度之间可以形成相互促进的互动关系（如图3-10所示）。万马电缆的典型事件就反映了组织二元性4个维度的互动。表3-10详细说明了每个事件体现的互动关系。这种互相促进的关系使得企业能够同时实现4个维度，并形成良性循环，获得长期健康发展。

表3-10　万马电缆4个维度互动的典型事件及其说明

序号	说明	典型事件
1	新产品投放给新客户或为了开发新客户专门开发新产品	2009年新开发成功的抗水树电缆销往国外，开拓海外市场；2012年为了开发住户市场，开展对公司来说全新的布电线业务
2	改进产品投放给现存客户或现存客户要求改进产品	采用静电喷涂法而使得阻水材料包覆均匀的改进版防水电缆投放给老客户；为某现存客户将风力电缆由耐-40℃低温改进为耐-55℃低温，增强了产品功能
3	现存产品不断改进最终形成新产品或新产品的技术应用于改进现存产品	机场助航灯回路用埋地电缆是结合了交联聚乙烯绝缘料和半导电阻水带两项现存产品的技术研发成功的；导体内置测温光纤110kV电力电缆的内置光纤技术可以用于改进智能型高压、超高压（66kV—220kV）交联电缆，进一步提高测温准确性

续表

序号	说明	典型事件
4	现存顾客带来的收益支持企业吸引新客户或新客户的发现可以弥补现存客户流失带来的损失	万马电缆在现存客户中的好口碑往往能够吸引新客户；万马电缆某销售员表示，由于电缆行业的竞争非常激烈他在工作中经常遇到客户流失的情况，但是新开发的客户往往能够弥补客户流失的损失
5	新产品投放给现存客户或现存客户提出要求推动新产品研发	防火电缆推销给老客户因为该电缆更安全，可提高老客户满意度；应某客户开发一种环保的综合贯通地线的要求，公司成功研发环保型高导电塑料护套综合贯通地线
6	改进产品投放给新客户或为适应新客户的要求改进现存产品	采用静电喷涂法而使得阻水材料包覆均匀的改进版防水电缆比市场上其他产品都要好，更加能够吸引新顾客；某新客户要求把分支电缆由多芯改为单芯的，因为单芯的比多芯的散热好，能够延长电缆寿命并且使用更加安全，不仅获得新客户而且改进了分支电缆

3.5 研究小结

本章主要探讨了组织二元性的维度及其互动，基于上述描述性单案例的刻画，理论建构在以下几个方面取得了进展。

通过描述性案例研究，作者认为，组织二元性的基本维度是产品探索、产品利用、市场探索和市场利用，持续发展的企业需要同时实现这4个基本维度并保持其良性互动。首先，通过万马电缆的资料揭示了产品探索、产品利用、市场探索和市场利用的内涵；其次，描述了万马电缆2009—2013年的产品演进，刻画了产品探索在企业中的具体表现形式，描述了一些设备、工艺、方法改进的专利，体现了产品利用，并通过客户分类、前5大客户、客户区位等说明了万马电缆对市场探索和市场利用的平衡；最后，展示了产品探索、产品利用、市场探索和市场利用四者相互促进的互动关系。

组织二元性本身的内涵厘清之后，就可以进行进一步的研究——探讨组织二元性的 2 个结构前因，即组织结构分隔和公司治理结构。第 4 章的子研究使用实验室研究的方法分析了第一个结构前因，第 5 章的子研究使用二手数据实证检验了第二个结构前因，而第 6 章将 2 个结构前因整合。可以看到，本章厘清组织二元性本身内涵的研究是本书后面章节研究的基础，而即将展开的 3 个子研究则是对本章的延伸。

第4章

组织结构分隔对“探索”和“利用”的影响——一项实验研究

4.1 研究目的

在当前的超竞争环境下，组织面临执行常规任务的效率要求和完成非常规任务的创新要求。这对于组织有效平衡以及结合常规任务中的利用性活动和非常规任务中的探索性活动提出了严峻挑战。组织怎样才能达到二元性呢？基于本书2.1的论述可知，结构视角和情境视角是目前公认的比较主流的达到组织二元性的路径。结构视角的研究认为，组织结构分隔是达到二元性的主要手段。组织结构分隔会形成结构上分离的探索性单元和利用性单元，它们处于不同的地点（Benner & Tushman, 2003；O’Reilly & Tushman, 1996）。二元的组织允许不一致和矛盾的探索性单元和利用性单元在不同地点的共存，可以围绕着主流的和新出现的商业机会建立完全不同的组织结构以及文化、激励机制等（Gilbert,

2005）。情境视角的研究认为，具有弹性、规则、支持、信任这些特征的情境会鼓励并使个人能够判断怎样在协同和适应的矛盾需求中分割时间。结构视角和情境视角是完全不同的 2 种达到组织二元性的途径，两者对个人二元性能力的假设是不同的。结构视角强调通过将“探索”和“利用”2 个部门分开这样一种组织结构来实现二元性，个人只要从事“探索”或者“利用”即可；而情境视角强调每一个个体都能够具备二元性。本章将要比较情境视角和结构视角 2 种不同的路径，探讨哪种更加容易实现组织二元性。

在组织结构分隔的研究中，大多数采用了案例和问卷的研究方法。O'Reilly 和 Tushman（1996）描述了 RCA 在经历了技术不连续时由于缺乏新旧技术清晰的战略和文化的区分从而导致失败的案例，提出在企业主流的组织结构下需要保留小的、自治团队的结构来追求探索。Gilbert（2005）也采用案例研究的方法说明了组织结构分隔能够帮助与母公司不同的新单元克服程序刚性。Jansen 等（2009）开发了 6 个题项的量表来测量组织结构分隔，之后的研究大多采用他们开发的量表。案例和问卷的研究具有较高的外部效度，而实验研究则具有较高的内部效度。为了补充现有的研究，本章试图采用实验研究的方法，用实验来模拟组织结构分隔、“探索”和“利用”，对实验过程和因素进行有效控制，尽量排除其他因素的干扰，凸显组织结构分隔和“探索”、“利用”之间的因果关系。

鉴于此，本章的子研究设计出走迷宫和点物体的双重实验任务模拟组织中探索性活动和利用性活动同时进行的情况。首先，进入实验环节。在首轮实验中，让所有被试双手操作，自主地在双重实验任务中分配时间，以考察情境视角下的个体二元性对“探索”和“利用”的影响；在第二轮实验中，将被试按照物体视觉者和空间视觉者的不同认知风格分成双高型、双低型、空间型、物体型 4 类，空间型被试擅长走迷宫任务，物体型被试擅长点物体任务，双高型被试 2 种任务都擅长，双低型被试 2 种任务都不太擅长。其次，将通过实验区分的 4 类被试两两匹配，分为双高—双高组（HH）、空间—物体组（KW）、双低—双低组（LL）进行双人合作。双高—双高组（HH）、空间—物体组（KW）、双低—双低组（LL）分别代表不同水平的组织结构分隔的效果。双高—双高组模拟的是组织结构分隔的效果最好的情况，空间—物体组模拟的是组织结构分隔效果中等的情况，双低—双低组模拟的是组织结构分隔效果较差的情况。这样实验操作的目的是考察结构视角下组织结构分隔对“探索”和“利用”的影响。最后，比较个体二元性和组织结构分隔的作用效果，以探讨情境视角和结构视角哪种更加容易实现组织二元性。

4.2 研究假设

情境视角的研究认为，个体二元性有助于形成组织二元性。Gibson 和 Birkinshaw（2004）认为，通过建立具有弹性、规则、支持、信任这些特征的情境，能够鼓励并使个人自己作出怎样在协同（alignment）和适应（adaptability）的矛盾需求中分割时间的判断（Carmeli & Halevi, 2009），单元中的每个人既能够完成日常任务，同时又能根据任务环境的变化而行动。Patel, Messersmith 和 Lepak（2013）指出，中小企业由于资源的限制，需要创造高绩效工作系统的情境，使得每位雇员同时“探索”和“利用”。管理者需要负责解决探索性部门和利用性部门之间的冲突并完成两者的整合（O'Reilly & Tushman, 2011），所以二元的组织需要具有较高个体二元性的管理者。具有个体二元性的管理者必须管理矛盾和冲突的目标，进行矛盾的思考，从事矛盾的角色（Floyd & Lane, 2000; Smith & Tushman, 2005）。Mom 等（2009）认为，二元性的管理者能够处理矛盾，他们是多任务执行者，能够同时精炼和更新自身的知识、技巧和专业知识（Mom, Fourne & Jansen, 2013）。

总体来说，基于情境视角的研究，更为强调组织二元性以个体二元性为基础，个体都能根据任务环境的变化而调整自己的行为，并能在“探索”和“利用”的矛盾需求中自主地分割时间，而高管应具备更强的二元性，不仅能保持相互冲突的目标，而且可以同时执行多个任务。因此，情境视角的研究认为个体二元性越高，探索水平越高，利用水平也越高，而且“探索”和“利用”也结合得越好。基于此，本章提出如下假设：

假设 1：个体二元性越高，组织探索水平越高，利用水平越高，并且

“探索”和“利用”结合得越好

组织结构分隔，是探索性活动和利用性活动分离到不同组织单元的程度，使得每个单元最有效地执行它的任务（Raisch et al.，2009）。Burn 和 Stalker（1961）认为，有机的结构适合探索性活动，而机械的结构适合利用性活动。Lawrence 和 Lorsch（1967）将分隔定义为组织系统分隔为子系统的状态，每一个子系统倾向于根据环境发展出特定的属性。Benner 和 Tushman（2003）认为，二元性的组织会有不同的子系统，并且它们之间是松散耦合的。组织结构分隔创造了“务实的边界”来保护探索性活动，远离母公司主流活动的统治性管理认知和惯性。组织结构分隔给探索性单元自由和自主（O'Reilly & Tushman，1996；Gilbert，2005）。

Jansen 等（2009）详细解释了组织结构分隔，认为组织结构分隔造成了空间上分隔的探索性部门和利用性部门，并且将不同的组织任务分配到相应的部门中去。组织结构分隔防止了利用性部门的日常操作干涉探索性部门中新生的能力，保证了探索性部门能够有自由和弹性来发展新的知识和技术。他们开发了 6 个题项的量表来测量组织结构分隔，拉开了组织结构分隔实证研究的大幕。Burgers 等（2009）使用了 Jansen 等（2009）的量表，以 240 家荷兰公司的样本实证研究说明了组织结构分隔促进公司创业。Burgers 和 Covin（2014）也使用了该量表，进一步研究了共享愿景、高管团队社会整合等对组织结构分隔和公司创业之间关系的调节作用。

概括地看，组织结构分隔的研究注重将承担探索性活动和利用性活动的部门分隔开来，使每个部门内可以专注于探索性活动或者利用性活动；组织结构分隔得越好，探索性部门和利用性部门就越能够各司其职、互不干扰，探索性部门能自由地进行高不确定性、高失败风险、收益大的探索性任务，而利用性部门也能顺利地执行低不确定性、低失败风险、收益小的利用性任务。因此，通过组织结构分隔这种方式，探索性活动和利用性活动的水平分别得到提高，并能促进“探索”和“利用”的结合效应。基于此，本章提出如下假设：

假设 2：组织结构分隔得越好，组织探索水平越高，利用水平越高，并且“探索”和“利用”的结合效应越高

既然情境视角下的个体二元性和结构视角下的组织结构分隔都能够促进“探索”“利用”以及“探索”和“利用”的结合，那么个体二元性和组织结构分隔两者的作用效果哪个比较强？或者说情境视角和结构视角哪个更容易达到组织二元性呢？组织结构分隔只要求个体做好探索性任务或者利用性任务，即可在组织层面上达到二元性。而个体二元性要求个体同时做好“探索”和“利用”，所以组织结构分隔对个人的要求更低，个人更可能顺利地完成自己分配到的任务。一些研究认为，个人是组织二元性的重要来源（Gibson & Birkinshaw，2004），但是个人在“探索”和“利用”方面都优秀是很具挑战性的（Raisch et al.，2009；Gupta et al.，2006）。个人总是想要避免陷入矛盾，而会选择某一个方面然后强调和支持它（Smith et al.，2010）。Levinthal 和 March（1993）认为，管理者是短视的，偏好短期和确定性。Smith 和 Tushman（2005）说明结构的、心理的和社会心理的障碍会创造个体惯性（inertia）和一致性（consistency）的倾向。因此，本子研究认为组织结构分隔比个体二元性的效果更强，或者说结构视角比情境视角更容易达到组织二元性。基于此，本章提出如下假设：

假设3：组织结构分隔比个体二元性更能使组织探索水平提高，利用水平提高，“探索”和“利用”结合得更好

要对上述这个假设进行检验，就必须设计出包括“探索”和“利用”在内的双重实验任务。以往研究中的实验任务常常是单一的，要么是执行类任务，要么是创造类任务。例如，Wegner，Erber 和 Raymond（1991）在研究交互记忆系统时采用了记忆卡片的方法，属于执行类任务；Robert 和 Cheung（2010）要求被试为5个新产品制定营销方案，属于创造类任务；Nouri，Erez，Rockstuhl，Ang，Leshem－Calif 和 Rafaeli（2013）的研究中包含了2个子研究，一个是执行类任务即“你说我画”的图形复制任务，另一个是创造类任务，要求参与者对2个抽象符号想出尽量多的解释。这些研究隐含的前提假设是团队任务是单一的，要么关于效率，要么关于创造力或创新。基于单一实验任务的设计范式，无法适应关于组织二元性的研究。鉴于此，本章设计了双重实验任务，用一个改编的游戏来模拟探索性活动和利用性活动同时进行的情况，实验探讨单人的个体二元性和双人合作模拟的组织结构分隔对完成2类任务的影响，最后对实验结果进行深入分析。

4.3 实验方法

实验设计有 3 条原则：随机化（randomization）、复制（replication）和区集（blocking）。随机化是指实验材料（包括被试）的分配，被试的实验顺序等都是随机产生的。如果这些因素全部都是随机的，那么称之为完全随机化。其中，被试被随机分配到各个实验组，称之为随机分配。复制是指在相同的处理下，独立重复实验可以得到重复样本。区集是用来处理无关因素的一种实验设计方法，无关因素是实验之前就知道的一些实验个体可能含有近似的会影响测试结果的因素，但是这些因素又不是实验关心的因素（张岩，徐飞和奚恺元，2008）。本实验遵循以上 3 条原则而设计。

4.3.1 实验被试

认知风格是指个人认知功能一致性的心理维度，特别是在获得和处理信息方面（Messick，1976；Witkin，Moore，Goodenough & Cox，1977；Ausburn & Ausburn，1978）。视觉者（visualizers）是当执行认知任务时主要依靠图像的个体，语言者（verbalizers）偏好通过语言逻辑方式处理信息。现代神经科学的数据表明，视觉者存在 2 个可区分的图像子系统：物体图像系统（object imagery system）处理物体和场景的视觉表现。例如，形状、颜色和材质；空间图像系统（spatial imagery system）处理物体的位置、移动、空间关系和转换等其他空间属性（Lean & Clements，1981；Hegarty & Kozhevnikov，1999；Kozhevnikov，Hegarty & Mayer，2002）。物体视觉者（object visualizers）使用图像来构建生动的单个物体的高分辨率图像；空间视觉者（spatial visualizers）使用图像来代表和转换空间关系。

实验使用在 Aggarwal 和 Woolley（2013）的基础上设计的由 OpenGL 编程的单机版走迷宫点物体游戏，界面如图 4－1 所示。游戏的界面是一个迷宫，右上角方框内带有一个指南针，箭头所指方向是北，走迷宫的一路上散落着不同颜色不同形状的障碍物，实验中只有点击咖啡色的六边体才会得分，点击其他物体将会扣分。参加实验者可以在游戏界面的靠上居中处看到3排文字，分别提示过关得分、点物体的分数和剩余时间。键盘中的4个字母按键W、A、S、D用来走迷宫，鼠标用来点击物体。当双人合作游戏时，一位被试控制键盘，另一位被试控制鼠标，互不影响，互相合作。实验使用了走迷宫和点物体同时进行的方式模拟组织中探索性活动和利用性活动同时进行的状态。走迷宫这项任务主要依赖于人的三维空间想象能力，而点物体主要依赖于人对于物体的形状、颜色等的敏感度，所以我们根据认知风格来判断参与者擅长执行走迷宫任务还是点物体任务。空间视觉者擅长执行走迷宫任务，而物体视觉者擅长执行点物体任务。

图4－1 本实验的游戏界面

在正式实验之前，20位被试组成10个小组进行了试测，对实验前的问卷、实验分组、实验说明、实验程序等是否存在歧义、是否有效、是否有未控制因素等进行了检测，解决试测中出现的问题，保证正式实验的顺利进行。正式实验以自愿参加的原则招募了浙江大学188位理、工、农、医、经、管等专业的本科生，每位被试都填写了个人基本信息和空间—物体图像和语言认知风格问卷。Blazhenkova和Kozhevnikov（2009）的问卷提出了三维认知风格模型，区分了物体图像、空间图像和语言维度（见附录1）。问卷共有45个题项，每一个维度有15个题项，采用5点李克特量表。该问卷的信度（物体图像维度的α为0.794，空间图像维度的α

为 0.827）和效度（$X^2=2343.03$，$p<0.001$；$\frac{X^2}{df}=2.49$；$RMSEA=0.08$）都通过了检验。

188 位被试在物体图像维度上的平均值是 52.1，空间图像维度上的平均值是 44.4，本实验根据 2 个维度的平均值将全部个体分成了双高型、双低型、空间型、物体型 4 类：物体图像维度和空间图像维度都超过平均值的是双高型；物体图像维度和空间图像维度都低于平均值的是双低型，物体图像维度低于平均值而空间图像维度高于平均值的是空间型，物体图像维度高于平均值而空间图像维度低于平均值的是物体型。因为空间型被试在空间图像维度的得分高于平均值，所以擅长走迷宫任务；物体型被试在物体图像维度的得分高于平均值，所以擅长点物体任务；双高型被试 2 类任务都擅长；双低型被试 2 类任务都不太擅长。

将以上 4 类参加者两两匹配为双高—双高组（HH），空间—物体组（KW），双低—双低组（LL）3 组。双高型被试为 48 位，组成了 24 个双高—双高组（HH）。空间型被试和物体型被试各 46 位，组成了 46 个空间—物体组（KW）。双低型被试为 48 位，组成了 24 个双低—双低组（LL）。

4.3.2　实验设计和任务

游戏时间限定为 5 分钟，在第一轮实验中每一位被试自己在电脑上双手操作，在第二轮实验中按照事先的分组 2 位被试一起在同一台电脑上分工合作。字母 W、A、S、D 的键盘用来控制走迷宫时向前后左右的移动，鼠标用来点物体以及调整游戏视角，只有键盘才能控制移动。实验中只有点击与迷宫墙壁颜色相似（咖啡色）的六边体才会得分，点击其他物体将被扣分。

走迷宫这项任务只有一个指南针的指示，带有不确定性、高失败风险、收益大等特点，模拟了探索性任务。点击正确物体带有确定性、低失败风险、收益小等特点，模拟了利用性任务。第二轮实验是由 2 位被试合作完成：HH 组和 LL 组的被试可以在第二轮实验中自由选择谁走迷宫谁点物体；空间—物体组的空间型被试指定走迷宫，物体型被试指定点物体。在双人合作的第二轮实验中 2 位被试在实验过程中可以交流。

实验的目的是为了在规定时间内得高分。实验得分由 2 个部分相加组成：第一部分是走迷宫，走出迷宫得 50 分，走不出得 0 分；第二部分是点击正确物体，点击一个正确物体得5分，点击一个错误物体扣2.5分。参加者要在规定的时间内尽量走出迷宫并且点击更多正确物体。2个部分的分数相加也是以往学者使用的计算“探索”和“利用”的结合效应的测量方式（Lubatkin et al.，2006；Jansen et al.，2009）。

4.3.3 测量和程序

本研究分为两轮实验，第一轮实验和第二轮实验共同的因变量是“探索”“利用”以及“探索”和“利用”的结合。第一轮实验有个体二元性1个自变量和性别、年龄、玩游戏经验3个控制变量；第二轮实验有组织结构分隔、合作2个自变量。如上所述，走迷宫任务的分数用来衡量“探索”，点物体任务的分数用来衡量“利用”，两者相加的总分用来衡量“探索”和“利用”的结合。

第一轮实验中的个体二元性是1个二分变量，个体二元性低的标记为0，个体二元性高的标记为1。显而易见，双高型个体的个体二元性程度较高，双低型个体的个体二元性程度较低。空间型和物体型被试只擅长1项任务，所以他们的单人操作分数不做分析。另外，性别、年龄、玩游戏经验都可从被试在回答空间—物体图像和语言认知风格问卷之前填的基本个人信息中得知。其中，玩游戏经验通过被试每周玩游戏的小时数体现。

第二轮实验中的组织结构分隔由实验配组操作：双高—双高组（HH）、空间—物体组（KW）、双低—双低组（LL）分别代表不同水平的组织结构分隔的效果。双高—双高组（HH）模拟的是组织结构分隔效果最好的情况，空间—物体组（KW）模拟的是组织结构分隔效果中等的情况，双低—双低组（LL）模拟的是组织结构分隔效果较差的情况。如果探索性单元和利用性单元分隔得很差时，两者就会相互干涉、影响，2个单元分别执行各自任务的水平都很低，即双低—双低组（LL），2位被试都不擅长这2类任务；如果探索性单元和利用性单元分隔得较好时，两者就不会相互干涉，探索性单元擅长探索性任务，而利用性单元擅长利用性任务，即空间—物体组（KW），空间型被试擅长走迷宫的探索性任务，物体型被试擅长点物体的利用性任务；如果探索性单元和利用性单元分隔得最好时，不仅能做到探索性单元擅长探索性任务，利用性单元擅长利用性任务，而且探索性单元能够理解、帮助、促进利用性任务，利用性单元也能够理解、帮助、促进探索性任务，即双高—双高组（HH），2位被试都擅长这2类任务。

因为第二轮实验允许2位被试在实验过程中交流，所以2位被试的合作默契程度会对因变量有一定的影响，需要测量出合作默契程度，并且在数据分析时控制该变量的影响。合作默契程度的测量是在实验结束后分别请被试在纸上回答他们在玩游戏时合作的默契程度（用数字1—7代表，1表示非常不默契，7表示非常默契）。

在实验之前，先由研究人员向所有被试演示并讲解如何玩这个游戏，包括如何使用鼠标和键盘，游戏的计分规则，游戏的目标，游戏的时间限制以及实现这个目标的关键在于在有限的时间内尽量多地点击实验要求的正确物体和走出迷宫。然后，被试开始一轮试玩实验，对实验熟悉了之后开始正式实验。

4.4 实验结果与分析

本研究分3个部分来分析实验结果：第一部分是分析第一个实验，即单人双手进行实验，检验情境视角下个体二元性的作用；第二部分是分析第二个实验，即双人分工合作进行实验，检验结构视角下组织结构分隔的作用；第三部分是比较第一个实验和第二个实验，比较个体二元性和结构分隔哪个的作用效果更大，即比较情境视角和结构视角哪个更容易达到组织二元性。

在第一个实验中，二元性高的个体是上述的双高型个体，二元性低的个体则是上述的双低型个体（如表4-1所示）。以被试在走迷宫这部分的得分评价“探索”，可以看到个体二元性高的得分均值为33.33，大大高于个体二元性低的得分均值（16.67）；以点击正确物体部分的得分评价“利用”，个体二元性低的得分均值和个体二元性高的得分均值分别为24.95和29.06，相差不大（如表4-1所示）；以2个部分加总起来的综合得分评价“探索”和“利用”的结合，个体二元性高的得分均值为62.4，个体二元性低的得分均值为41.61，有较大的差距。描述性统计显示，二元性高的个体无论是在“探索”“利用”还是两者加总上都优于二元性低的个体。

表 4－1　　第一个实验的描述性统计

因变量	自变量	样本量（个）	均值	标准差	最小值	最大值
“探索”	个体二元性低	48	16.67	23.82	0	50
	个体二元性高	48	33.33	23.82	0	50
“利用”	个体二元性低	48	24.95	18.64	－20	70
	个体二元性高	48	29.06	13.53	－5	67.5
“探索”和“利用”的结合效应	个体二元性低	48	41.61	26.93	－20	95
	个体二元性高	48	62.40	23.64	20	105

本章采用线性回归的方法检验个体二元性对“探索”“利用”以及“探索”和“利用”的结合效应的作用。在控制性别、年龄、玩游戏经验3个变量的影响之后再衡量个体二元性的作用比使用方差分析更好。分析结果如表4－2所示。

表 4－2　　个体二元性对“探索”“利用”以及“探索”和“利用”的结合效应的作用检验

项目		“探索”	“利用”	“探索”和“利用”的结合效应
控制变量	性别	－0.03 （0.796）	－0.02 （0.899）	－0.04 （0.748）
	年龄	0.11 （0.274）	－0.13 （0.204）	0.02 （0.832）
	玩游戏经验	－0.07 （0.475）	0.08 （0.446）	－0.02 （0.856）
自变量	个体二元性	0.33** （0.004）	0.11 （0.330）	0.37*** （0.001）
R^2		0.13	0.04	0.15
调整的 R^2		0.09	0.004	0.11
F		3.31* （0.014）	0.91 （0.459）	3.96** （0.005）

注：*、**、*** 分别表示在0.05、0.01和0.001的水平上显著。

由表4－2可以看出3个控制变量性别、年龄和玩游戏经验无论是对“探索”“利用”还是“探索”和“利用”的结合都没有显著作用，而个体二元性对“探索”具有有正向的显著作用（$\beta=0.33$，$p=0.004$），对“利用”的作用不显著（$\beta=0.11$，$p=0.33$），但是显著地正向作用于“探索”和“利用”的结合效应（$\beta=0.37$，$p=0.001$），部分支持本章假设1。

在第二轮实验中，双人分工合作完成实验，由双高型、空间型、物体型和双低型的个体组成3种小组，即双高—双高组（HH）、空间—物体组（KW）、双低—双低组（LL）。这3种小组结构分隔效果的优劣程度依次递减，分别标记为2、1、0。“探索”以走迷宫任务的分数表示，“利用”以点物体任务的分数表示，“探索”和“利用”的结合效应以总分表示（如表4－3所示）。“探索”的均值是34.04，标准差是23.43；“利用”的均值是35.19，标准差是17.05。由此可见，“探索”的变化比“利用”大，符合其不确定性高的特点。合作默契程度则由参与实验的双方分别打分，再计算2位被试打分的算术平均值，最小值为1，最大值为7，均值为5.75。

表4－3　　　　第二轮实验的描述性统计

变量	样本量（个）	均值	标准差	最小值	最大值
结构分隔	94	1	0.72	0	2
“探索”	94	34.04	23.43	0	50
“利用”	94	35.19	17.05	2.5	90
“探索”和“利用”的结合效应	94	69.23	27.85	2.5	120
合作默契程度	94	5.75	1.25	1	7

在双人分工合作进行实验时，双人合作的默契程度会影响实验结果。为了排除合作默契程度的影响，本章进行了协方差分析，并在进行协方差分析之前，先检验数据是否满足斜率同质假设。经检验，在因变量分别为“探索”“利用”以及“探索”和“利用”的结合时，自变量和协变量的交互作用都不显著（$F=0.247$，$p=0.782$；$F=0.748$，$p=0.476$；$F=0.087$，$p=0.917$），所以3个模型都满足了斜率同质假设。协方差分析的结果如表4－4所示。

表 4-4 组间差异的协方差分析

因变量	方差来源	Ⅲ型平方和	*df*	均方	*F*	*p*	R^2	调整的 R^2
“探索”	合作	5032.94	1	5032.94	12.56	0.001	0.29	0.27
	结构分隔	6081.45	2	3040.72	7.59	0.001		
“利用”	合作	1860.8	1	1860.8	7.06	0.009	0.12	0.09
	结构分隔	716.91	2	358.45	1.36	0.262		
“探索”和“利用”的结合效应	合作	13014.27	1	13014.27	27.73	0.000	0.42	0.4
	结构分隔	8840.14	2	4420.07	9.42	0.000		

由表 4-4 可以看出 2 个人合作的默契程度确实显著地影响了实验结果，所以进行协方差分析排除合作的影响是必要的。排除合作的影响后，结构分隔对“探索”有显著作用（$p=0.001$），对“利用”的作用不显著（$p=0.262$），对“探索”和“利用”的结合效应也有显著作用（$p=0.000$），部分支持本章假设 2。

为了对实验结果进行更深入地分析，实验进行了 post hoc 的成对比较，其结果是：在“探索”上，双低—双低组（LL）比空间—物体组（KW）和双高—双高组（HH）的均值分别低 20.7（$p=0.000$）和 15.5（$p=0.013$），而 KW 组和 HH 组的均值差不显著；在“探索”和“利用”的结合效应上，LL 组比 KW 组和 HH 组的均值分别低 23.1（$p=0.000$）和 23.9（$p=0.001$），而 KW 组和 HH 组的均值差也不显著。这说明结构分隔对“探索”“探索”和“利用”的结合效应的正向作用只体现在从 LL 组到 KW 组，而从 KW 组到 HH 组的正向作用不显著。

以上分析显示，个体二元性和组织结构分隔分别对“探索”“利用”以及“探索”和“利用”的结合效应有一定的作用，但是两者的作用是否有差异或者两者的作用谁比较强呢？本章进行了多次独立样本 t 检验。首先，实验对单人双手操作与双人分工合作之间的“探索”“利用”以及“探索”和“利用”的结合效应是否有显著差异进行了比较。本章检验了所有单人和所有双人组在“探索”“利用”以及“探索”和“利用”的结合效应 3 种得分之间的差异，结果单人和双人组在“探索”“利用”以及“探索”和“利用”的结合效应 3 者上都有显著差异：在“探索”的得分上，单人低于双人组的均值差值为 9.04（$t=-2.57$，$p=0.011$）；在“利用”的得分上，单人低于双人组的均值差值为 8.18（$t=-3.38$，

$p=0.001$）；在“探索”和“利用”的结合效应的得分上，单人低于双人组的均值差值为17.22（$t=-4.31$，$p=0.000$），支持本章假设3，即组织结构分隔比个体二元性更能使组织探索水平提高，利用水平提高，“探索”和“利用”结合得更好。

其次，实验进行了更仔细、更深入地分析。个体二元性有2个水平，双人分组有3个水平，分别进行独立样本 t 检验（如表4－5所示）。

表4－5 两轮实验的独立样本 t 检验

因变量		个体二元性低	个体二元性高
“探索”	HH组	－20.83（$t=-3.58$，$p=0.001$）	不显著
	KW组	－24.64（$t=-5.54$，$p=0.000$）	不显著
	LL组	不显著	16.67（$t=2.79$，$p=0.007$）
“利用”	HH组	－15.68（$t=-3.37$，$p=0.001$）	－11.56（$t=-2.72$，$p=0.010$）
	KW组	－10.27（$t=-2.90$，$p=0.005$）	－6.15（$t=-2.06$，$p=0.042$）
	LL组	不显著	不显著
“探索”和“利用”的结合效应	HH组	－36.51（$t=-5.59$，$p=0.000$）	－15.73（$t=-2.63$，$p=0.010$）
	KW组	－34.91（$t=-6.50$，$p=0.000$）	－14.13（$t=-2.81$，$p=0.006$）
	LL组	不显著	16.04（$t=2.70$，$p=0.009$）

表4－5显示，HH组和KW组的“探索”“利用”以及“探索”和“利用”的结合都显著高于低个体二元性的实验得分，而LL组与低个体二元性之间无显著差异。在“探索”上，HH组和KW组与高个体二元性之间无显著差异，而高个体二元性的“探索”优于LL组；在“利用”上，HH组和KW组优于高个体二元性，而高个体二元性的“利用”和LL组无显著差异；在“探索”和“利用”的结合效应上，HH组和KW组优于高个体二元性，而高个体二元性优于LL组。

4.5 研究小结

本章创新地设计出一个双重实验任务——一款单机版走迷宫点物体游

戏，使得常规的利用性任务和非常规的探索性任务同时进行。本子研究共进行了两轮正式实验：第一轮是单人双手的操作；第二轮是将擅长不同任务的被试分组匹配模拟不同水平的组织结构分隔的效果。本子研究分别将走迷宫任务的得分、点物体任务的得分和2种任务的总分作为“探索”“利用”以及“探索”和“利用”的结合效应，以此来考察情境视角下的个体二元性和结构视角下的组织结构分隔对“探索”“利用”的影响。在这样的实验设计下，得到的主要结论如表4－6所示。

表4－6　　　　本章各项假设验证汇总表

假设	是否支持	结论
假设1	部分支持	个体二元性对“探索”有正向的显著作用，对“利用”的作用不显著，显著地正向作用于“探索”和“利用”的结合
假设2	部分支持	结构分隔对“探索”有显著作用，对“利用”的作用不显著，对“探索”和“利用”的结合有显著作用。但是，结构分隔对“探索”“探索”和“利用”的结合的正向作用只体现在从双低—双低组（LL）到空间—物体组（KW）上，而空间—物体组（KW）和双高—双高组（HH）之间的差别不显著
假设3	支持	第一轮实验和第二轮实验的比较分析显示，个体二元性在“探索”“利用”以及“探索”和“利用”的结合三者都显著低于双人的结构分隔

本章假设1认为，个体二元性的程度越高，探索水平越高，利用水平越高，并且“探索”和“利用”结合得越好。第一轮实验的结果显示：个体二元性对“探索”有正向的显著作用，对“利用”的作用不显著，但还是显著地正向作用于“探索”和“利用”的结合效应，部分支持本章假设1。个体二元性高能够提高探索水平，但是由于利用性任务比较循规蹈矩，所以个人二元性高也没有形成很大的优势。由于探索性任务的高收益性，探索水平的提高直接导致了二元性高的个体在“探索”和“利用”的结合效应即两者相加上显著超过二元性低的个体。

本章假设2认为，组织结构分隔的程度越高，探索水平越高，利用水平越高，并且“探索”和“利用”结合得越好。第二轮实验的结果显示：组织结构分隔对“探索”有显著作用，对“利用”的作用不显著，对“探索”和“利用”的结合效应也有显著作用。但是组织结构分隔对“探索”以及“探索”和“利用”的结合效应的正向作用只体现在从双低—双低组（LL）到空间—物体组（KW）上，而空间—物体组（KW）和双高—双高组（HH）之间的差别不显著。LL 组、KW 组和 HH 组在利用性任务上没有差别，但是 KW 组和 HH 组比 LL 组提高了探索水平，所以导致“探索”和“利用”的结合效应也更好。HH 组和 KW 组之间没有显著差别的原因是这 2 个小组都遵循“擅长走迷宫的被试执行走迷宫任务，擅长点物体的被试执行点物体任务”这样一种模式。HH 组比 KW 组更好的地方是 HH 组的 2 位成员都是既擅长走迷宫又擅长点物体的，而走迷宫和点物体这 2 项任务在一定程度上是相互依赖的，所以本章假设 2 认为 HH 组的“探索”组员更加能够理解、整合、促进利用性任务，而“利用”组员也更加能够理解、整合、促进探索性任务，但是这种互相促进的作用并没有发挥出来，或者说“擅长什么就做什么”的结构就已经可以达到较高的组织二元性水平，即组织结构分隔只要做到中等水平，就已经可以显示出其对组织的正向的、积极的作用。

本章假设 3 认为，组织结构分隔比个体二元性更能使探索水平提高，利用水平提高，“探索”和“利用”结合的更好。第一轮实验和第二轮实验的比较分析显示：个体二元性在“探索”“利用”以及“探索”和“利用”的结合上都显著低于双人的结构分隔，支持本章假设 3。情境视角下个体二元性的作用效果不如结构视角下的组织结构分隔，这说明结构视角比情境视角更容易达到组织二元性。这个结论和先前的研究是相呼应的。例如，基层员工并没有多大的影响力和话语权来决定主要业务和新业务之间竞争需要的重大结构调整和资源再分配（Gilbert, 2005；O'Reilly & Tushman, 2004），需要董事会、高管团队为新技术或商业模型提供资源和合法性。个人在“探索”和“利用”方面都优秀是很具挑战性的（Gupta et al., 2006；Raisch et al., 2009）。从理论上说，结构视角更加具备可操作性，而且实验研究也验证了这个结论，所以本章采用结构视角切入研究是合理的。

在检验了本章假设 3 之后进行的更深入的分析显示：HH 组和 KW 组的“探索”“利用”以及“探索”和“利用”的结合效应都显著高于低个体二元性的实验得分，但是 LL 组与低个体二元性之间无显著差异。由此说明，如果结构分隔得不够好，就会造成无谓的资源浪费；在“探索”上，HH 组和 KW 组与高个体二元性之间无显著差异，但高个体二元性的

“探索”优于LL组。说明探索性任务更加依赖于个人的创造力，注意力资源的增加并没有提高探索水平；在“利用”上，HH组和KW组优于高个体二元性，但高个体二元性的“利用”和LL组无显著差异。说明利用性任务具有可以分割的特点，注意力资源的增加提高了利用水平；在“探索”和“利用”的结合效应上，HH组和KW组优于高个体二元性，但高个体二元性优于LL组。进一步说明优秀的结构分隔确实是可以提高组织二元性的，但是较差的组织结构分隔则会造成无谓的资源浪费，还不如一个高水平的个体。

个体二元性能够增加“探索”“探索”和“利用”的结合效应的水平，所以在雇用关键的高管、部门经理甚至一般员工时需要考虑他是否具有探索、创新的意愿，是否可以在探索新想法和被要求完成的日常活动之间平衡时间和精力，是否具备二元性。上述研究分析发现，探索性任务更依赖于个体的创造力，所以雇用具有高个体二元性的高管及员工能够增加公司的探索性活动，进而能更好地将探索性活动和利用性活动结合起来。实验展示了组织结构分隔的作用比个体二元性的效果更强，说明组织结构分隔是非常必要的。要寻找到具有高二元性的个体并不容易，而结构分隔则刚好可以解决这个问题：只需要在结构上设计出探索性部门和利用性部门的分隔。同时，组织结构分隔得好坏至关重要。如果结构分隔做得不够好，探索性部门和利用性部门分隔不够、相互阻碍，就是在浪费组织资源。因此，结构分隔一定要做到探索性部门和利用性部门不会相互干涉，保证各自从事各自擅长的事情，允许2类部门拥有不同的过程、结构和文化。

本章证明了结构视角下的组织结构分隔比情境视角下的个体二元性作用更强，即结构视角比情境视角更容易达到组织二元性。因此，本章采用结构视角是具有现实意义的。同时，本章用一项实验研究讨论了第一个结构基础——组织结构分隔的作用，验证了组织结构分隔对“探索”以及“探索”和“利用”的结合有显著作用。本书第5章将用大样本的实证研究探讨组织二元性的第二个结构基础——公司治理结构的作用。

第5章

公司治理结构、组织二元性与企业长期绩效和短期绩效——基于中国和美国上市公司面板数据的实证研究

5.1 研究目的

本书提出了一个全新的关于组织二元性结构基础的理论框架。本书第3章和第4章在现有组织二元性研究的基础上进行了创新性地整合和验证，完成的2项子研究分别呈现了对组织二元性本身内涵的挖掘和第一个结构基础即组织结构分隔的作用。为了厘清组织二元性的核心构念，本书第3章着眼刻画了组织二元性的4个维度（产品探索、产品利用、市场探索和市场利用）及其之间的互动。第4章则以一个模拟游戏的实验研究揭示了组织结构分隔与“探索”和“利用”之间的因果关系，与以往研究结论相互印证，提出组织结构分隔是达到组织二元性的一个重要手段。

上述这2项子研究在整理组织二元性以往研究时，发现以往研究中的结构均指公司的管理结构或一般组织结构，而本书第4章子研究涉及的组

织结构分隔并没有考虑公司的治理结构。治理结构是一种有关公司董事会的结构、功能及股东权利等方面的制度安排（Blair, 1995），是联系并规范股东、董事会、高级管理人员权利和义务分配以及与此有关的聘选、监督、激励等问题的制度框架（Jensen & Meckling, 1976; Fama & Jensen, 1983）。在不同的治理结构下，公司的所有权和控制权在不同权益主体之间的配置和分布不同，拥有决策控制权的各权益主体必然会运用自己所掌握的权力对各类组织行为施加影响，以维护各自的利益（Baysinger & Hoskisson, 1990; Hoskisson, Hitt & Hill, 1993）。因此，公司治理结构应该对组织二元性行为有着决定性影响，且影响机制不同于组织结构。

公司治理的目标是保证股东利益的最大化，通过股东大会、董事会、监事会及管理层所构成的公司治理结构的内部治理，防止经营者对所有者利益的背离（Boyd, 1994）。委托代理理论指出，所有者和经营者之间存在的信息不对称和利益不一致，需要通过所有者对经营者的监督和激励来缓解。监督和激励的出现缓解了代理问题，使经营者作出有利于所有者的决策，即平衡和结合“探索”和“利用”，从而提高组织绩效。

因此，本章提出的实证研究整体理论模型（如图 5-1 所示）中的自变量是监督和激励。监督使用外部董事比例、大股东、CEO 两职性代理；激励使用 CEO 持股代理；中介变量是“探索”和“利用”的平衡效应、“探索”和“利用”的结合效应；因变量是短期绩效和长期绩效。这些变量都通过二手数据来代理和测量。本章 5.2 将对理论模型中相关构念进行说明，进而讨论并提出关于各个核心变量之间作用关系的研究假设。本章 5.3 和 5.4 将分别介绍研究方法和呈现数据分析的结果。本章 5.5 将总结和讨论相应的研究结果。

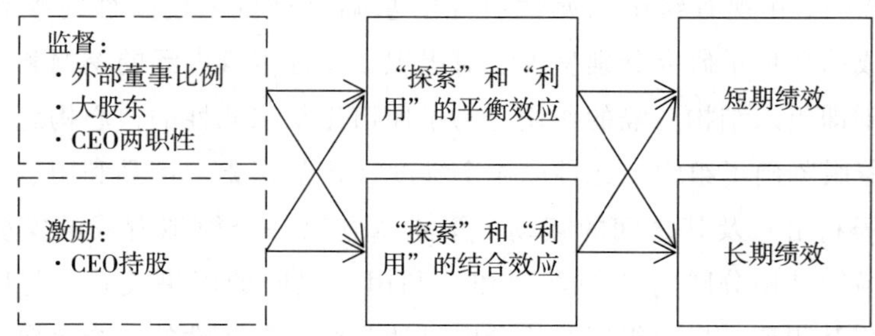

图 5-1　本章提出理论模型

本章致力于探索公司治理结构影响组织二元性，进而通过组织二元性影响企业长期绩效和短期绩效的内在机制，并运用中国和美国上市公司的面板数据进行实证检验，以期深化关于组织二元性的第二个结构基础——公司治理结构的作用的理解，同时揭示中国和美国企业行为的差异及其原因。

5.2 理论背景与研究假设

组织二元性的研究，一般将二元性具体到探索行为和利用行为上（Beckman, 2006）。“探索”是增加变化、产生内部多样性的行为；“利用”是减少变化、效率导向的行为（March, 1991; Smith & Tushman, 2005）。“探索”是指带有搜索、变化、承担风险、实验、玩、柔性、发现、创新等特点的活动；“利用”是指带有精炼、选择、生产、效率、筛选、执行等特点的活动（March, 1991）。本章回归探索行为和利用行为的本质，将探索行为具体化为研发投入强度，而将利用行为具体化为营业成本率。

5.2.1 公司治理结构对组织二元性及绩效的影响

狭义的公司治理是指所有者（主要是指股东）对经营者的一种监督与制衡机制，即通过一种制度安排合理地配置所有者与经营者之间的权利与责任关系。公司治理的目标是保证股东利益的最大化，通过股东大会、董事会、监事会及管理层构成的公司治理结构的内部治理，防止经营者对所有者利益的背离（Boyd, 1994）。由于委托人和代理人之间利益不一致以及信息不对称这 2 个基本情况存在于委托代理关系中，代理问题才会出现（Zajac, 1990）。一方面，信息不对称是因为代理人控制了组织资源，所以代理人比委托人更了解组织以及其从事的活动，这样的信息不对称可能会让代理人得到好处（Pratt & Zeckhauser, 1985）。委托人通常希望减少信息不对称，所以寻找各种机制来阻止代理人做不利于自己的决策，从而产生了代理成本。另一方面，委托人与代理人之间的利益不一致是基于在代理理论中人是经济人（homo - economicus）的假设，即人是个人主义的、投机的、自利的（Davis et al. , 1997）。所有者和管理者都是理性的，都寻求自己的财富最大化。所有者（即委托人）通过投资持有公司股份，管理者（即代理人）职业化地管理公司，两者通过不同的方式追求各自财富的最大化，所以造成了两者利益的不一致。

代理理论指出，董事会有 2 种选择可以解决代理问题（减少代理成本）：第一，董事会可以通过增加信息占有量（即减少信息不对称）增加对管理层的监督；第二，董事会可以改变 CEO 的激励，使得 CEO 和股东的利益（或追求的目标）相一致（Rutherford et al. , 2007）。监督能够解决代理问题是因为它降低了信息不对称在 CEO 和董事会之间的分布程度。在理想的情况下，董事会占有完全的信息，能够直接监督和阻止管理层的权力滥用。最常用的激励手段是将 CEO 的报酬和公司的绩效挂钩（Finkelstein & Hambrick, 1988）。

委托代理理论指出，所有者和经营者之间存在的信息不对称和利益不一致的问题，需要通过所有者对经营者的监督和激励来缓解。所以，公司治理结构一般通过监督和激励 2 个维度进行刻画。监督是在一段时间内对代理人的行为进行直接或者间接的观察（Jensen & Meckling, 1976）。监督包括预算、问责、规则和政策等，能够协同所有者和管理者的利益，阻止管理者追求自利的目标，监督和公司绩效正相关（Fama, 1980）。激励是通过将代理人的报酬和委托人希望的绩效挂钩的合同将委托人和代理人的利益相协调（Tosi et al. , 1997），是基于经营者绩效函数的一种控制机制（Eisenhardt, 1989）。

委托代理理论认为，CEO 是风险规避的、机会主义的（Wiseman & Gomez - Mejia, 1998）。由于 CEO 不能分散他们的收入流，当他们承担有风险的项目时会面临失去工作而陷入个人债务危机的风险，这使得他们努力规避风险（Beatty & Zajac, 1994）。探索行为的回报确定性低、周期比较长。管理者在“探索”时无例可循，“探索”很可能失败，进而使公司陷入短期的困境。另外，探索行为可能的未来收入经常与其费用存在多年的滞后。在任期相对较短的行业中，管理者可能牺牲更不确定的长期回报，尝试最大化地获取更易达到和更易操作的短期回报。由于“探索”回报的不确定性和长期性，CEO 会尽量避免选择“探索”，但是“探索”

对于企业的长期发展却是不可或缺的。

当监督的水平较高时，委托人和代理人之间的信息不对称问题就会减少，代理人的自利行为就会减少，代理人就会作出有利于委托人的决策。当激励的水平较高时，即委托人和代理人之间的利益能更好地被协同时，代理人就会作出有利于委托人的决策。以上所称“有利于委托人的决策”是指回报确定性低、周期长、风险大的“探索”相应地增加，使“探索”和“利用”之间的差距缩小（即更加平衡），且两者进一步结合。本章作出如下假设：

假设1a：监督水平越高，“探索”和“利用”越平衡

假设1b：监督水平越高，“探索”和“利用”结合得越好

假设2a：激励水平越高，“探索”和“利用”越平衡

假设2b：激励水平越高，“探索”和“利用”结合得越好

Fama（1980）认为，监督机制使所有者和经营者的利益相统一，并且阻止或者减缓经营者牺牲所有者利益的自利行为，从而正向影响公司的绩效。外部董事多的董事会以及董事长和总经理分职都会增加董事的独立性，提升监督的有效性。鉴于大股东拥有公司众多股份，他们有明显的动机近距离监督高管的决策以提高公司的长期绩效。Jensen和Meckling（1976）发现，经营者拥有的股权将经营者和所有者的利益协同起来，减少了管理层投机行为，在一定程度上增加了公司绩效。CEO持股的增加将其个人财富最大化，并有利于提高公司绩效（Coles，McWilliams & Sen，2001）。

监督水平的提高减少了委托人和代理人之间的信息不对称，代理人会作出有利于股东收益、使公司收益最大化的决策，提高公司的短期绩效和长期绩效。激励水平的提高协同了委托人和代理人之间的关系，代理人会作出有利于公司的决策，使公司的短期绩效和长期绩效得到提升。本章作出如下假设：

假设3：监督水平越高，公司的短期绩效和长期绩效越好

假设4：激励水平越高，公司的短期绩效和长期绩效越好

5.2.2 组织二元性对企业绩效的影响

“探索”和“利用”之间是正交（orthogonal）的还是取舍的（tradeoff）？March（1991）认为，“探索”和“利用”对组织都是必要的，但它们互相竞争稀缺资源。所以，组织需要在两者之间作出选择。这种取舍的观点认为，“探索”和“利用”2种活动在一个连续谱的两端（Uotila et al.，2009）。但也有很多学者指出，“探索”和“利用”是正交的（Benner & Tushman，2003；Jansen et al.，2005；Lubatkin et al.，2006），组织能够同时达到高水平的“探索”和“利用”。这种正交的观点体现为在操作时将“探索”和“利用”相乘（He & Wong，2004）或相加（Lubatkin et al.，2006）。Cao 等（2009）将二元性这个构念分解为2个方面，即平衡效应和结合效应。平衡效应的操作是将“探索”和“利用”的得分相减，就是在取舍观点下“探索”和“利用”两者的平衡；而结合效应的操作是将“探索”和“利用”的得分相乘，就是在正交观点下“探索”和“利用”之间的互相支持和补充。

平衡效应是指公司倾向于维持相对紧密的探索性活动和利用性活动的平衡。结合效应是指公司倾向于关注探索性活动和利用性活动融合的程度。本书认为，平衡效应和结合效应在概念上是独立的，并依靠不同的因果机制来提高公司绩效。平衡效应对资源限制类公司更有益，而结合效应则对拥有更多内外部资源的公司更有益。这隐含着在资源受到限制的情境下，管理者可以从管理“探索”和“利用”的取舍中获益。对于拥有足够资源的公司管理者，同时追求“探索”和“利用”是可能的，也是值得的。

长期的生存和成功依赖于组织既有足够的利用行为保证组织现在的生存，又有足够的探索行为保证组织未来的生存（Levinthal & March，1993）。在将“探索”和“利用”处理为正交时，组织二元性对组织绩效的影响都是正向的。He 和 Wong（2004）以 206 个创新公司 1996—1999 年的平均销售增长率为绩效代理的实证研究表明，“探索”和“利用”交互（相乘）与绩效正相关，两者不平衡（相减）与绩效负相关。Gibson 和 Birkinshaw（2004）则探索了情境促进二元性、二元性提供高绩效之间的关系。Uotila 等（2009）将“探索”和“利用”处理为取舍时，探索导向的相对值和财务绩效之间呈现倒 U 形的关系，随着“探索”的比例升高，绩效会先升高后下降，即“探索”和“利用”两者之间不平衡，“探索”太多或太少都会导致绩效降低，即“探索”和“利用”两者的不平衡与绩效负相关。Cao（2009）等以中国 3 个高科技园区的 122 家来自不同高科技行业的公司为样本，研究证实了“探索”和“利用”的平衡效应与结合效应以不同的路径正向影响绩效。

平衡效应和结合效应都对公司绩效有贡献，但是它们贡献的实现却通过截然不同的途径。作者认为，平衡效应减少了绩效损坏效应，即过度强调“利用”而损害了“探索”或者过度强调“探索”而损害了“利用”；结合效应通过形成可能被两者充分使用（leverage）的更大的补充资源库而提升了公司绩效。另外，由于现存的知识和资源能够被充分吸收和结合到新能力中去，新的知识和资源也能够充分强化和集合到现存能力库中，在平衡效应和结合效应独特的独立效果之外，高水平的平衡效应和结合效应还可能产生协同的绩效收益。

综上所述，探索行为和利用行为的平衡效应和结合效应都会正向影响组织绩效，因此本章提出如下假设：

假设5：“探索”和“利用”越平衡，公司的短期绩效和长期绩效越好

假设6：“探索”和“利用”结合越好，公司的短期绩效和长期绩效越好

5.2.3 组织二元性的中介作用

高管不可分散的雇用风险导致他们是风险规避的，而正是探索行为的风险性和利用行为回报的稳定性，使他们将探索行为视为不利于自己的战略，这种表现反映了高管的短期导向（Narayanan，1985）。但通过增加对管理者行为信息的监督以及将其报酬与绩效挂钩的激励，能够在一定程度上消减高管的短期行为，增加其对长期行为的投入。因此，监督和激励的水平会影响探索行为的水平、“探索”和“利用”两者之间的平衡和结合程度，进而影响公司的短期绩效和长期绩效。由此可见，“探索”和“利用”的平衡效应与结合效应在公司治理和企业绩效之间起到中介作用。Gibson 和 Birkinshaw（2004）提出了组织二元性在情境和绩效之间的中介作用，弹性、规则、支持、信任的情境使商业单元同时达到适应和协同，从而提高商业单元的绩效。Lubatkin 等（2006）认为，高管团队的行为整合正向影响了二元导向，二元导向也正向影响了公司绩效。Jansen 等（2006）用探索性创新和利用性创新作中介变量，探讨结构通过组织二元性对绩效的影响机制。此外，虽然“探索”和“利用”的平衡效应与结合效应对绩效有正向影响（Cao et al.，2009），但它们对于企业绩效的影响机制是不同的。平衡效应通过减少绩效损失增加绩效，而结合效应通过“探索”和“利用”相互补充、相互促进增加绩效，所以它们所起的中介作用可能也不同。为此，本章提出如下假设：

假设7：“探索”和“利用”的平衡效应在监督与短期绩效及长期绩效之间起中介作用，在激励与短期绩效及长期绩效之间起中介作用

假设8：“探索”和“利用”的结合效应在监督与短期绩效及长期绩效之间起中介作用，在激励与短期绩效和长期绩效之间起中介作用

5.3 研究方法

为了在全球化背景下更好地检验本书的理论模型，也为了探索中国和美国2个国家的企业在组织二元性上表现的异同及其原因，本章收集了中国和美国上市公司的数据：中国部分使用了国泰安数据库，简称CSMAR①。美国部分使用了2个数据库，分别是Compustat和Corporate Library②，由于Corporate Library数据库中很多的数据都是从2004年开始的，所以考虑到数据可得性和时效性，本章选取了2006—2011年作为收集数据的时间段，自变量收集的是2006—2010年的数据，中介变量和因变量收集的是2007—2011年的数据。研发费用是上市公司年报附注的内容，也就是说不是每个公司都披露自己的研发费用，所以本章尽量选取2007—2011年至少披露了4年及以上研发费用的公司作为研究样本。剔除一些数据不完整的公司，本章的样本数量分别是：166家美国公司和102家中国公司。

5.3.1 变量测量

1. 自变量

本子研究涉及公司治理中的2个要素，即监督和激励。本章使用了Zajac和Westphal（1994）关于监督和激励的代理，监督的3个代理分别是外部董事比例（OR_{t-1}）、大股东（BH_{t-1}）和CEO两职性（CD_{t-1}）。

① http：//www. gtarsc. com/。

② http：//wrds - web. wharton. upenn. edu/wrds/。

外部董事比例是指董事会中外部董事的比例。大股东是二分变量：在美国公司样本中如果存在机构投资者则标记为 1，不存在机构投资者则标记为 0；中国公司样本全部都是机构投资者，均受到高度地监督。对这些机构投资者国有股的监督不同于其他流通股，中国的国有股具有受国务院国有资产监督管理委员会（以下简称“国资委”）管理、不轻易交易、对董事长的任命和替换有着显著影响等特点（Firth, Fung & Rui, 2006），所以当企业都有机构投资者的情况下，机构投资者是含有国有股的企业会面临额外的政治成就、社区责任、公共服务等方面的监督压力（Gedajlovic et al., 2012）；本章将中国企业样本中具有国家股的标记为 1，没有国家股的标记为 0。CEO 两职性也是二分变量；如果 CEO 和董事长为同一个人即存在两职性，标记为 1；如果 CEO 和董事长不是同一个人即没有两职性，标记为 0。激励的代理是 CEO 持股（CS_{t-1}），是指 CEO 在年末持有的公司股票数额。以上 4 种代理都经常被使用到公司治理关于监督和激励的研究中（Hill & Snell, 1988; Core, Holthausen & Larcker, 1999; He & Wang, 2009）。

2. 中介变量

组织二元性分为“探索”和“利用”。“探索”是指组织采用的积极寻求彻底的变化，搜索新技术、产品、市场中的机会的战略，组织中最能体现探索行为的是研发费用强度（RDI_t），即研发费用相对于营业收入的比值（Cohen & Levinthal, 1990; Baysinger, Kosnik & Turk, 1991）。“利用”是对现存技术、产品、市场的拓展，最终体现在企业运营效率的提高和成本的节约。本章使用营业成本率（CSI_t）来代理“利用”。“利用”越多，企业运营效率越高，成本越低，营业成本率下降越明显。“探索”和“利用”的平衡效应（BA_t）可以用“探索”和“利用”测量值相减表示，数字越小，说明“探索”和“利用”越平衡。“探索”和“利用”的结合效应（MA_t）可以用“探索”和“利用”的测量值相乘表示，数字越大，说明“探索”和“利用”结合得越好。

3. 因变量

本章使用投资回报率（ROA_t）作为企业短期绩效的代理进行测量，使用托宾 Q（TQ_t）作为企业长期绩效的代理进行测量。因为托宾 Q 包含了市场对公司的估价（Uotila et al.，2009），即市场对公司未来价值的期望，所以适合作为长期绩效的代理。

4. 控制变量

（1）所有者结构（OWS_{t-1}）。在所有权分散的情况下，由于股东越分散对管理层的控制就越弱，由此信息不对称和利益不一致这2个代理问题越严重。本章使用持有公司5%及以上股票的股东的累计股权数额作为所有者结构的代理（Hill & Snell，1989；Demsetz & Villalonga，2001；Lee & O'neil，2003）。

（2）外部董事持股（OW_{t-1}）。外部董事持股对CEO的激励（Baysinger & Hoskisson，1990）、公司的风险承担、公司决策等都存在影响。外部董事持股是外部董事在样本年份截止日期持有的股份数额。

（3）CEO任职年数（CT_{t-1}）。CEO任职年数会影响CEO对董事会的影响力。以往研究表明，CEO任职越久，对董事会的影响越大（Finkelstein & Hambrick，1990；Hill & Phan，1991）。CEO任职年数的计算公式为：

CEO任职年数=样本年份-CEO开始任职年份

（4）行业（IND_{t-1}）。不同行业企业经营环境差别很大，研发费用、生产成本率也非常不同。本章为控制行业的影响，在美国企业样本中使用了标准普尔行业代码（S&P Industry Sector Code），在中国企业样本中使用了国泰安数据库中设定的行业代码。

（5）公司年龄（AG_{t-1}）。公司年龄用来控制企业成立时间对企业战略、价值等的影响，其计算公式为：

企业年龄=样本年份-企业成立年份

（6）公司规模（FS_{t-1}）。使用公司营业收入的自然对数值来测量企业规模，以控制对企业战略、价值等的影响。

5.3.2 样本数据

无论是美国企业的样本数据还是中国企业的样本数据，都只存在少量的数据缺省，大多数变量的样本数据是齐全的，所以这是一个平衡的面板数据。外部董事持股和CEO持股的单位都是百万股，其他变量的单位是百分比。美国样本研发强度的平均值为0.15，标准差为0.5；中国样本研发强度的平均值为0.02，标准差为0.02。由此可见，美国样本探索行为高于中国样本，且中国样本普遍缺乏探索行为（如表5－1所示）。美国样本营业成本率的平均值为0.56，标准差为0.45；中国样本营业成本率的平均值为0.75，标准差为0.16。由此可见，美国样本利用行为高于中国样本，且营业成本率较低。美国样本和中国样本说明探索行为的缺乏在美国和中国都是普遍存在的。表5－1给出了其他变量的描述性统计情况。由于探索行为（RDI_t）、利用行为（CSI_t）、“探索”和“利用”的平衡效应（BA_t）以及“探索”和“利用”的结合效应（MA_t）这4个变量的最小值和最大值的数量级相差较大，所以本章将这4个变量标准化后再加以分析。

表5－1　　　　中国和美国样本数据的描述性统计

类别	变量	国家	Obs	Mean	S. D.	Min	Max
自变量	外部董事比例（OR_{t-1}）	美国	830	0.74	0.13	0.22	1
		中国	503	0.37	0.06	0.09	0.57
	大股东（BH_{t-1}）	美国	830	0.76	0.43	0	1
		中国	510	0.53	0.5	0	1
	CEO两职性（CD_{t-1}）	美国	830	0.5	0.5	0	1
		中国	507	0.12	0.33	0	1
	CEO持股（CS_{t-1}）	美国	828	2.09	12.85	0	226.38
		中国	510	3.43	18.6	0	232.92
中介变量的成分	探索行为（RDI_t）	美国	807	0.15	0.50	0.0007	10.56
		中国	474	0.02	0.02	0.00001	0.19
	利用行为（CSI_t）	美国	819	0.56	0.45	0.0008	8.07
		中国	509	0.75	0.16	0.14	1.15
中介变量	“探索”和“利用”的平衡效应（BA_t）	美国	810	0.41	0.45	－5.38	4.46
		中国	510	0.73	0.17	0	1.15
	“探索”和“利用”的结合效应（MA_t）	美国	808	0.21	2.45	0	54.72
		中国	474	0.01	0.02	0.000008	0.15
因变量	投资回报率（ROA_t）	美国	819	0.35	0.16	－0.64	1.12
		中国	509	0.04	0.07	－0.34	0.38
	托宾Q（TQ_t）	美国	818	1.48	1.07	0.05	7.26
		中国	509	2.31	1.62	0.71	14.91

续表

类别	变量	国家	Obs	Mean	S. D.	Min	Max
控制变量	所有者结构（OWS_{t-1}）	美国	830	0.25	0.15	0	0.789
		中国	510	41.48	14.09	8.5	83.83
	外部董事持股（OW_{t-1}）	美国	830	1.18	6.84	0	99.32
		中国	510	0.27	3.06	0	46.67
	CEO 任职年数（CT_{t-1}）	美国	830	7.78	7.32	0	39
		中国	510	3.54	3.25	0	18
	行业（IND_{t-1}）	美国	830	250.55	85.54	110	475
		中国	510	4.63	0.64	2	6
	公司年龄（AG_{t-1}）	美国	830	42.42	36.69	5	204
		中国	510	12.25	4.19	3	25
	公司规模（FS_{t-1}）	美国	830	6.79	1.56	1.31	11.15
		中国	510	21.21	1.41	15.76	26.47

5.3.3 分析技术

本章采用兼具时间序列和横截面特征的面板数据。此类数据能同时反映研究对象在时序和截面 2 个方向上的变异。面板数据需要按照以下 4 个步骤用 Stata 进行处理：

第一步，设定面板数据。本章在使用 Stata 12.0 对面板数据进行分析之前，先对面板数据进行设定。只有定义过面板数据之后，才能使用相关的面板数据命令。其中，xtset 是定义面板数据的基本命令，ID 代表截面变量，Year 代表时间变量。从图 5－2 可以看到面板数据是平衡的。

```
. xtset  ID Year
       panel variable:  ID (strongly balanced)
        time variable:  Year, 2006 to 2010
                delta:  1 unit
```

图 5－2 Stata 设定面板数据的界面

第二步，自相关的检验。自相关（autocorrelation）一词可以定义为按时间（如在时间序列数据中）或空间（如在横截面数据中）排序的观测值序列的成员之间的相关。在回归的论述中，经典线性回归模型假定在干扰项 u_i 之间不存在自相关，用符号表示为：

$E\ (u_iu_j)\ =0\quad i\neq j$

简单地说，经典模型假定，任何一次观测的干扰项都不受任何其他观测的干扰项的影响。然而，如果存在这种相依性，就有了自相关，用符号表示为：

$E\ (u_iu_j)\ \neq 0\quad i\neq j$

在自相关的情况下，平常的 OLS 估计量虽然仍是线性、无偏和渐进正态分布的，但不再是所有线性无偏估计量中的最小方差，即相对于其他线性无偏估计量而言，OLS 估计量不再是有效的。换言之，OLS 估计量不再是 BLUE（Best Linear Unbiased Estimate）的，即最优线性无偏估计量。基于以上原因，更要做好以下 2 项工作：一是自相关的检验，准确地对建立的模型进行检验，从而确定自相关是否存在；二是自相关的处理，若发现模型存在自相关，要合理地修正模型并重新进行估计。以美国样本中 M1 的回归为例（如图 5－3 所示）：

```
. xtserial  ROA OWS OW CT IND AG FS

Wooldridge test for autocorrelation in panel data
H0: no first-order autocorrelation
    F(  1,      165) =      37.035
           Prob > F =       0.0000
```

图 5－3 美国企业样本 u_i 的自相关检验

在 Stata 中键入 xtserial 命令，如果结果是显著的，则存在自相关；如果结果是不显著的，则不存在自相关。根据图 5－3 所示，结果是显著的，说明存在自相关。

第三步，异方差的检验。经典线性回归模型的一个重要假定是，总体回归函数中的干扰项 u_i 是同方差性的（homoscedastic）。就是说，以解释变量的选定值为条件的每一个干扰项 u_i 的方差都是等于 σ^2 的常数。同方差性意味着等同的分散程度，亦即相等的方差，用符号表示为：

$E\ (u_i^2)\ =\sigma^2\quad i=1,\ 2,\ \cdots,\ n$

然而，如果 Y_i 的条件方差随 X 增加而增加，Y_i 的方差随 i 的变化而变，从而有异方差性。用符号表示为：

$E\ (u_i^2)\ =\sigma_i^2$

σ 的下标提醒我们，u_i 的条件方差不再是常数。在存在异方差的情况下，平常的 OLS 估计得到的系数为 β_1、β_2 就不是 BLUE 的。与上述自相关的问题一样，异方差问题也要做好对异方差的检验和处理这 2 项工作。仍以美国公司的样本中 M_1 为例：

①键入 xtgls…，igls panels（heteroskedastic）和 estimates store hetero 命令，Stata 就会用迭代的 GLS 估计量来替代两步式 GLS 估计量（use iterated GLS estimator instead of two - step GLS estimator），并估计异方差的取值（如图 5 - 4 所示）：

```
. xtgls ROA OWS OW CT IND AG FS, igls panels(heteroskedastic)
Iteration 1: tolerance = .00971433
Iteration 2: tolerance = .01146697
Iteration 3: tolerance = .00637056
Iteration 4: tolerance = .00168934
Iteration 5: tolerance = .00053673
Iteration 6: tolerance = .00064782
Iteration 7: tolerance = .00094675
Iteration 8: tolerance = .00120132
Iteration 9: tolerance = .00137781
Iteration 10: tolerance = .00147853
```

图 5 - 4 异方差的检验 1

②键入 xtgls…，测试是否存在异方差的模型。

③键入 local df = e（N_g）- 1 和 lrtest hetero .，df（‘df’），Stata 比较 2 种模型后给出 1 个数值，该数值用来表示异方差是否存在（如图 5 - 5 所示）。

```
. local df = e(N_g) - 1

.
.         . lrtest hetero . , df(`df')

Likelihood-ratio test                                LR chi2(165)=    790.14
(Assumption: . nested in hetero)                     Prob > chi2 =    0.0000
```

图 5 - 5 异方差的检验 2

如果结果是显著的，说明存在异方差；如果结果是不显著的，说明不存在异方差。从图 5 - 5 中看到，结果是显著的，说明存在异方差。

第四步，自相关和异方差的处理。存在异方差的情况下，OLS 估计得到的系数是 β_1、β_2，就不是 BLUE 的。如果我们忽视异方差性而一味使用惯常的检验程序，则无论得出什么结论或作出什么推断，都可能产生严重的误导。然而，使用广义最小二乘法（FGLS）却能产生 BLUE 估计量。广义最小二乘法是先将原始变量转换成满足经典模型假设的转换变量，然后对它们使用 OLS 程序。概括地说，FGLS 是对满足标准最小二乘假定的转换变量的 OLS。

Stata 中 xtgls 命令项支持自相关和异方差的处理，corr（psar1）是用来控制自相关的，而 panels（heteroskedastic）是用来控制异方差的。只要加上这 2 项，Stata 中的 xtgls 命令就会自动处理自相关和异方差。如果面板数据存在一定程度的缺省，Stata 无法计算等距，就需要加上 force 使得 Stata 识别缺省、计算等距，继而得出估计（如图 5－6 所示）。

为简单起见，本章中举例均是美国样本 M_1 检验、处理自相关和异方差的过程。面板数据每次进行回归之前，都要进行自相关和异方差的检验。如果存在自相关和异方差这 2 个问题，就需要在广义二乘法中对这 2 个问题加以控制，以得到稳健的估计结果。

```
. xtgls ROA OWS OW CT IND AG FS, panels(heteroskedastic)  corr(psar1)

Cross-sectional time-series FGLS regression

Coefficients:  generalized least squares
Panels:        heteroskedastic
Correlation:   panel-specific AR(1)

Estimated covariances      =       166          Number of obs      =       819
Estimated autocorrelations =       166          Number of groups   =       166
Estimated coefficients     =         7          Obs per group: min =         4
                                                               avg =  4.933735
                                                               max =         5
                                                Wald chi2(6)       =     19.25
                                                Prob > chi2        =    0.0038

------------------------------------------------------------------------------
         ROA |      Coef.   Std. Err.      z    P>|z|     [95% Conf. Interval]
-------------+----------------------------------------------------------------
         OWS |   .0322276   .0131259     2.46   0.014     .0065013    .0579538
          OW |   .0018186   .0006674     2.73   0.006     .0005106    .0031266
          CT |  -.0000811   .0003247    -0.25   0.803    -.0007174    .0005553
         IND |   .0000333    .000034     0.98   0.327    -.0000333       .0001
          AG |  -.0000802   .0000675    -1.19   0.235    -.0002125    .0000522
          FS |   .0061733   .0023677     2.61   0.009     .0015327    .0108139
       _cons |   .2880653   .0197014    14.62   0.000     .2494512    .3266793
------------------------------------------------------------------------------
```

图 5－6　自相关和异方差的处理

5.4 实证结果

美国样本公司治理与公司短期绩效和长期绩效的作用检验结果如表 5－2 所示。M_1 和 M_3 报告了分别以 ROA_t 和 TQ_t 为因变量的只放入控制变量的基准模型结果。M_2 和 M_4 反映了控制主要影响企业绩效的控制变量后，监督和激励对公司绩效的影响。M_5 和 M_6 显示了在控制了主要影响企业战略的控制变量后，监督和激励分别对“探索”和“利用”的平衡效应和结合效应的影响。M_5 实证结果显示，外部董事比例（OR_{t-1}）越高，监督越强，“探索”和“利用”之间的差距越小，即越平衡（$\beta = -0.0655$，$p = 0.048$）；大股东（BH_{t-1}）越高，监督越强，“探索”和“利用”越平衡（$\beta = -0.0221$，$p = 0.002$）；CEO 两职性（CD_{t-1}）越低，CEO 和董事长不是同一个人，监督越强，“探索”和“利用”越平衡（$\beta = 0.0366$，$p = 0.003$）。3 个监督的代理变量都显著表明监督越强，“探索”和“利用”越平衡。CEO 持股（CS_{t-1}）越高，激励越强，“探索”和“利用”之差的值越小，即越平衡。所以激励越强，“探索”和“利用”越平衡（$\beta = -0.0057$，$p = 0.000$），假设 1a 和假设 2a 在美国样本中得到显著支持。但是，M_6 显示了监督和激励的代理对“探索”和“利用”的结合效应的效果都不显著，假设 1b 和假设 2b 在美国样本中没有得到显著支持。鉴于此，本章中的美国样本只进行了平衡效应的中介作用的检验，展示在表 5－2 的 M_7 和 M_8 中。

表 5－2　美国样本公司治理结构通过组织二元性影响公司长期绩效和短期绩效的作用检验

解释变量		ROA_t		TQ_t		BA_t	MA_t	ROA_t	TQ_t
		M_1	M_2	M_3	M_4	M_5	M_6	M_7	M_8
控制变量	OWS_{t-1}	0.0322 *	0.0225	-0.5184 ***	-0.5680 ***	0.0820 ***	-0.0186	0.0289 *	-0.6375 ***
		(0.014)	(0.078)	(0.000)	(0.000)	(0.002)	(0.373)	(0.023)	(0.000)
	OW_{t-1}	0.0018 **	0.0016 **	0.0107 ***	0.0100 ***	0.0023	0.00006	0.0014 *	0.0097 ***
		(0.006)	(0.009)	(0.000)	(0.000)	(0.342)	(0.977)	(0.011)	(0.000)
	CT_{t-1}	-0.00008	0.0011 **	-0.0060 **	-0.0041	-0.0044 ***	-0.0005	0.0013 ***	-0.0060 **
		(0.803)	(0.010)	(0.002)	(0.053)	(0.000)	(0.356)	(0.001)	(0.008)
	IND_{t-1}	0.00003	0.00005	0.0003	0.0007 **	-0.00001	-0.00001	0.0001 ***	0.0011 ***
		(0.327)	(0.175)	(0.293)	(0.007)	(0.944)	(0.855)	(0.000)	(0.000)
	AG_{t-1}	-0.00008	-0.0001	-0.0023 ***	-0.0024 ***	0.0078 ***	-0.0000003	0.0001	-0.0022 ***
		(0.235)	(0.161)	(0.000)	(0.000)	(0.000)	(0.998)	(0.216)	(0.001)
	FS_{t-1}	0.0062 **	0.0110 ***	-0.1809 ***	-0.1920 ***	0.0855 ***	-0.0083	0.0129 ***	-0.1851 ***
		(0.009)	(0.000)	(0.000)	(0.000)	(0.000)	(0.173)	(0.000)	(0.000)

续表

解释变量		ROA_t		TQ_t		BA_t	MA_t	ROA_t	TQ_t
		M_1	M_2	M_3	M_4	M_5	M_6	M_7	M_8
监督	OR_{t-1}		0.0193 (0.190)		-0.1983 (0.053)	-0.0655 * (0.048)	0.0017 (0.943)	0.0320 * (0.018)	-0.2861 ** (0.005)
	BH_{t-1}		0.0127 ** (0.006)		-0.0087 (0.688)	-0.0221 ** (0.002)	-0.0057 (0.287)	0.0084 * (0.034)	-0.0228 (0.259)
	CD_{t-1}		-0.0229 *** (0.000)		-0.0444 (0.170)	0.0366 ** (0.003)	-0.0064 (0.353)	-0.0289 *** (0.000)	-0.0271 (0.401)
激励相容	CS_{t-1}		-0.0003 ** (0.008)		0.0001 (0.913)	-0.0057 *** (0.000)	0.0005 (0.805)	-0.0005 ** (0.002)	0.0004 (0.791)
“探索”和“利用”的平衡效应	BA_t							-0.0443 *** (0.000)	-0.0917 ** (0.007)
_cons		0.29 (0.000)	0.23 (0.000)	2.91 (0.000)	3.06 (0.000)	-0.90 (0.000)	0.01 (0.884)	0.19 (0.000)	3.02 (0.000)
Wald		19.25 (0.004)	73.74 (0.000)	240.86 (0.000)	462.58 (0.000)	1410.79 (0.000)	6.73 (0.750)	238.33 (0.000)	594.29 (0.000)
N		830	830	830	830	830	830	830	830

注：(1) ***、**、*分别表示在0.001、0.01和0.05的水平上显著；(2) 括号内为p值。

中国样本的M_5实证结果显示，外部董事比例（OR_{t-1}）越高，监督越强，“探索”和“利用”之间的差距越大，即越不平衡（$\beta=0.8736$，$p=0.000$）；大股东（BH_{t-1}）越高，监督越强，“探索”和“利用”越不平衡（$\beta=0.0596$，$p=0.012$）；CEO两职性（CD_{t-1}）越低，且CEO和董事长不是同一个人时，监督越强，“探索”和“利用”越不平衡（$\beta=-0.1082$，$p=0.000$）。3个监督的代理变量都表明，监督越强，“探索”和“利用”越不平衡。这与美国样本的检验结果刚好相反。但是，CEO持股（CS_{t-1}）这个代理的检验结果跟美国样本是一致的，即CEO持股越多，激励越强，“探索”和“利用”之差的值越小，即越平衡（$\beta=-0.0071$，$p=0.000$），所以激励越强，“探索”和“利用”越平衡。本章假设2a在中国样本中得到部分支持。M_6的实证结果显示，中国样本跟美国样本一样，监督和激励的代理对“探索”和“利用”的结合效应的效果都不显著，本章假设1b和假设2b在中国样本中也没有得到显著支持。鉴于此，本章仅对中国样本进行了平衡效应的中介作用的检验，检验结果展示在表 5-3 的 M_7 和 M_8 中。

表 5-3　中国样本公司治理结构通过组织二元性影响公司长期绩效和短期绩效的作用检验

解释变量		ROA_t		TQ_t		BA_t	MA_t	ROA_t	TQ_t
		M_1	M_2	M_3	M_4	M_5	M_6	M_7	M_8
控制变量	OWS_{t-1}	0.0007***	0.0007***	0.0072*	0.0071*	0.0025	-0.0025	0.0006***	0.0050
		(0.000)	(0.000)	(0.015)	(0.015)	(0.060)	(0.113)	(0.000)	(0.053)
	OW_{t-1}	-0.0001	-0.0003	-0.0153	-0.0181	-0.00008	0.0050	-0.0003*	-0.0200
		(0.606)	(0.206)	(0.154)	(0.153)	(0.976)	(0.488)	(0.042)	(0.067)
	CT_{t-1}	0.0016***	0.0016***	0.0182	0.0069	0.0083	-0.0066	0.0013***	0.0179
		(0.000)	(0.000)	(0.132)	(0.545)	(0.070)	(0.065)	(0.000)	(0.090)
	IND_{t-1}	-0.0129***	-0.0149***	-0.1325	-0.1544*	0.6102***	0.0685*	0.0141***	0.0181
		(0.000)	(0.000)	(0.054)	(0.018)	(0.000)	(0.042)	(0.000)	(0.778)
	AG_{t-1}	-0.0014***	-0.0022***	-0.0091	-0.0058	0.0451***	-0.0123**	-0.0005	-0.0085
		(0.000)	(0.000)	(0.277)	(0.506)	(0.000)	(0.004)	(0.036)	(0.247)
	FS_{t-1}	0.0003	0.0006	-0.3294***	-0.3273***	0.1060***	-0.0128	0.0055***	-0.2973***
		(0.627)	(0.515)	(0.000)	(0.000)	(0.000)	(0.378)	(0.000)	(0.000)
监督	OR_{t-1}		-0.0151		-1.1966**	0.8736***	0.5035	0.0139	-0.2070
			(0.324)		(0.005)	(0.000)	(0.083)	(0.378)	(0.605)
	BH_{t-1}		-0.0087***		-0.2233***	0.0596*	0.0132	-0.0050**	-0.1755***
			(0.000)		(0.000)	(0.012)	(0.537)	(0.002)	(0.000)
	CD_{t-1}		0.0026		0.0153	-0.1082***	-0.0011	-0.0013	-0.0582
			(0.466)		(0.873)	(0.000)	(0.975)	(0.612)	(0.596)
激励相容	CS_{t-1}		0.000007		0.0017	-0.0071***	-0.0016	-0.0001	0.0004
			(0.935)		(0.671)	(0.000)	(0.118)	(0.075)	(0.916)
“探索”和“利用”的平衡效应	BA_t							-0.0442***	-0.4320***
								(0.000)	(0.000)
_cons		0.07	0.09	9.49	10.13	-6.01	-0.17	-0.17	8.44
		(0.000)	(0.000)	(0.000)	(0.000)	(0.000)	(0.597)	(0.000)	(0.000)
Wald		242.49	250.90	225.99	295.92	616.58	22.10	553.39	407.15
		(0.000)	(0.000)	(0.000)	(0.000)	(0.000)	(0.015)	(0.000)	(0.000)
N		510	510	510	510	510	510	510	510

注：(1) ***、**、* 分别表示在 0.001、0.01 和 0.05 的水平上显著；(2) 括号内为 p 值。

表5-4显示了“探索”和“利用”的平衡效应与结合效应对公司短期绩效和长期绩效的作用。因为放入2个中介变量会引起共线性，Stata自动将利用行为（CSI_t）省略，将本章涉及的所有控制变量、自变量和中介变量（即探索行为，RDI_t）的标准化值放入，得出以下实证结果。首先，讨论“探索”和“利用”的平衡效应（IBA_t）。在美国样本中，“探索”和“利用”的差距越小表明两者越平衡，并且其平衡效应正向影响短期绩效 ROA（$\beta=-0.1442$，$p=0.000$）和长期绩效 TQ（$\beta=-0.2291$，$p=0.000$）；在中国样本中，类似的结论也成立（$\beta=-0.0506$，$p=0.000$）、（$\beta=-0.4413$，$p=0.000$）。因此，美国样本和中国样本都显著支持本章假设5。其次，讨论“探索”和“利用”的结合效应（ZMA_t）。在美国样本中，“探索”和“利用”的结合效应正向影响短期绩效 ROA（$\beta=0.1640$，$p=0.000$）和长期绩效 TQ（$\beta=0.5453$，$p=0.000$）；在中国样本中，“探索”和“利用”的结合效应只会正向影响短期绩效 ROA（$\beta=0.0113$，$p=0.019$），并不会影响长期绩效 TQ。因此，在美国样本中，本章假设6得到显著支持；在中国样本中，本章假设6得到部分支持。

表5-4　“探索”和“利用”的平衡效应与结合效应对短期绩效和长期效应的作用检验

变量		美国样本		中国样本	
		ROA_t	TQ_t	ROA_t	TQ_t
控制变量	OWS_{t-1}	0.0130 (0.246)	-0.8809*** (0.000)	0.0004*** (0.000)	0.0048 (0.066)
	OW_{t-1}	0.0013* (0.027)	0.0080*** (0.000)	-0.003*** (0.001)	-0.0191* (0.046)
	CT_{t-1}	0.0004 (0.276)	-0.0074*** (0.001)	0.0012*** (0.000)	0.0235* (0.033)
	IND_{t-1}	0.0002*** (0.000)	0.0088*** (0.000)	0.0181*** (0.000)	-0.0084 (0.893)
	AG_{t-1}	0.00008 (0.328)	-0.0027 (0.000)	-0.0008** (0.004)	-0.0053 (0.474)
	FS_{t-1}	-0.0013 (0.522)	-0.1806*** (0.000)	0.0062*** (0.000)	-0.2937*** (0.000)

续表

变量		美国样本		中国样本	
		ROA_t	TQ_t	ROA_t	TQ_t
监督	OR_{t-1}	0.0277 * (0.045)	-0.3592 *** (0.000)	0.0232 (0.122)	-0.0883 (0.822)
	BH_{t-1}	0.0091 ** (0.006)	-0.0188 (0.294)	-0.0038 ** (0.004)	-0.1621 *** (0.001)
	CD_{t-1}	-0.0217 *** (0.000)	-0.0849 ** (0.006)	-0.0028 (0.390)	-0.0804 (0.459)
激励	CS_{t-1}	-0.0002 (0.233)	-0.0006 (0.419)	-0.0001 (0.055)	-0.0031 (0.287)
探索行为	$ZRDI_t$	-0.2338 *** (0.000)	-0.5049 *** (0.000)	-0.0214 *** (0.000)	-0.0848 (0.766)
“探索”和“利用”的平衡效应	ZBA_t	-0.1442 *** (0.000)	-0.2291 *** (0.000)	-0.0506 *** (0.000)	-0.4413 *** (0.000)
“探索”和“利用”的结合效应	ZMA_t	0.1640 *** (0.000)	0.5453 *** (0.000)	0.0113 * (0.019)	-0.0170 (0.946)
_cons		0.29 (0.000)	3.29 (0.000)	-0.19 (0.000)	8.37 (0.000)
Wald		1509.63 (0.000)	601.12 (0.000)	941.86 (0.000)	344.58 (0.000)
N		830	830	510	510

注：(1) ***、**、* 分别表示在 0.001、0.01 和 0.05 的水平上显著；(2) 括号内为 p 值。

由于在美国样本和中国样本中，自变量对“探索”和“利用”的结合效应的回归都不显著，所以表 5-5 只讨论“探索”和“利用”的平衡效应的中介作用。本章按照 Baron 和 Kenny（1986）检验中介效应的方法报告回归结果。在美国样本中，最终被证实成立的部分中介作用是：大股东（BH_{t-1}）→“探索”和“利用”的平衡效应→短期绩效；CEO 持股（CS_{t-1}）→“探索”和“利用”的平衡效应→短期绩效。在中国样本中，最终被证实成立的完全中介作用是：外部董事比例（OR_{t-1}）→“探索”和“利用”的平衡效应→长期绩效。因此，本章假设 7 分别在美国样本和中国样本中得到部分支持，本章假设 8 没有得到支持。

表 5－5 “探索”和“利用”的平衡效应的中介效应检验

样本	因变量	自变量	第一步：自变量对中介变量回归是否显著	第二步：自变量对因变量回归是否显著	第三步：加入中介变量之后自变量对因变量的影响是否减弱或消失	是否有中介作用
美国样本	ROA_t	OR_{t-1}	显著	不显著	○	
		BH_{t-1}	显著	显著	减弱	部分中介
		CD_{t-1}	显著	显著	未减弱	○
		CS_{t-1}	显著	显著	减弱	部分中介
	TQ_t	OR_{t-1}	显著	不显著	○	
		BH_{t-1}	显著	不显著	○	
		CD_{t-1}	显著	不显著	○	
		CS_{t-1}	显著	不显著	○	
中国样本	ROA_t	OR_{t-1}	显著	不显著	○	
		BH_{t-1}	显著	显著	未减弱	○
		CD_{t-1}	显著	不显著	○	
		CS_{t-1}	显著	不显著	○	
	TQ_t	OR_{t-1}	显著	显著	消失	完全中介
		BH_{t-1}	显著	显著	未减弱	○
		CD_{t-1}	显著	不显著	○	
		CS_{t-1}	显著	不显著	○	

注：○表示不成立。

5.5 研究结论和讨论

本章研究得出的主要结论如表 5－6 所示。

本章假设 1a 认为，监督水平越高，“探索”和“利用”越平衡。在美国样本中，外部董事比例（OR_{t-1}）、大股东（BH_{t-1}）和 CEO 两职性

（CD_{t-1}）3 个监督的代理都显著支持本章假设 1a，这说明监督能够减少委托人和代理人之间的信息不对称，使代理人减少自利行为，作出有利于委托人的决策。对中国样本进行的实证研究出现了相反的结论，3 个代理变量都说明了监督水平越高，“探索”和“利用”的差距越大。这可能是因为在中国探索行为水平较低且较难提高监督水平，代理人只能增加“利用”来应对委托人的严格监督。而探索水平没有太大的进步，也导致“探索”和“利用”的差距反而变大，委托人在进行监督时需要区分代理人活动中“探索”和“利用”的增长。一味地提高监督水平而不具体考察代理人的活动，只能导致“探索”和“利用”的不平衡，反而损害公司绩效。

表 5-6　　本章各项假设检验汇总表

假设	内容	美国样本	中国样本
假设 1a	监督水平越高，“探索”和“利用”越平衡	支持	反向显著
假设 1b	监督水平越高，“探索”和“利用”结合得越好	不支持	不支持
假设 2a	激励水平越高，“探索”和“利用”越平衡	支持	支持
假设 2b	激励水平越高，“探索”和“利用”结合得越好	不支持	不支持
假设 3	监督水平越高，公司的短期绩效和长期绩效越好	部分支持	部分支持
假设 4	激励水平越高，公司的短期绩效和长期绩效越好	部分支持	部分支持
假设 5	“探索”和“利用”越平衡，公司的短期绩效和长期绩效越好	支持	支持
假设 6	“探索”和“利用”结合越好，公司的短期绩效和长期绩效越好	支持	不支持
假设 7	“探索”和“利用”的平衡效应在监督与短期绩效和长期绩效之间起中介作用，在激励与短期绩效和长期效应之间起中介作用	部分支持	部分支持
假设 8	“探索”和“利用”的结合效应在监督与短期绩效和长期绩效之间起中介作用，在激励与短期绩效和长期绩效之间起中介作用	不支持	不支持

本章假设 2a 在中国和美国 2 国样本的假设检验实证结果中都得到了证实，说明激励能够协同委托人和代理人之间的利益不一致，使代理人作出有利于委托人的决策，特别是长期的决策使“探索”和“利用”趋于平衡。本章假设 1b 和 2b 在中国和美国 2 国样本中都没有得到支持，这说

明了“探索”和“利用”的结合效应比平衡效应更难达到。由此可见，“探索”和“利用”的结合效应的影响因素还需要更加深入的探讨。

本章假设3和假设4认为，监督和激励都能促进公司绩效。在美国样本中，大股东和CEO两职性促进短期绩效，但不促进长期绩效，而CEO持股却与公司短期绩效成负向相关，与长期绩效无相关性。在中国样本中，外部董事比例和大股东表现出与短期绩效和长期绩效负相关，而激励跟绩效无相关性。迄今为止，公司治理和企业绩效之间的关系已有大量国内外的实证研究，但实证结果都是混合的（Core et al.，1999）。有学者认为，董事会特征与公司价值和绩效之间的关系是显著正相关。也有越来越多的文献指出，董事会是无效的（Yermack，1996），管理者激励和公司绩效之间的关系是不明确的（Demsetz & Villalonga，2001）。有学者认为，对管理者的激励在初期能够增加公司绩效，而过高比例的管理者持股会造成内部人控制问题（Morck，Shleifer & Vishny，1988）。也有很多学者的实证结果表明，董事会特征、管理者报酬等和公司绩效之间不相关。

本章假设5预测了“探索”和“利用”越平衡，公司的长期绩效和短期绩效越好。中国和美国2国样本的实证结果都支持本章假设5，“探索”和“利用”的平衡效应会降低由于过多地强调“探索”或者过多地强调“利用”而造成的失败陷阱或者退化风险，由此增加了短期绩效和长期绩效。

对美国样本的实证检验结果支持了本章假设6。“探索”和“利用”的结合效应推动两者的互补（包括知识和资源），为公司利用现存的和新的能力提供了一个更扎实的基础，由此提升了公司短期绩效和长期绩效。对中国样本的实证检验结果显示，“探索”和“利用”的结合效应能够推动公司的短期绩效但却不能影响公司的长期绩效。这可能是因为中国公司的探索水平太低且短时期内较难改变，探索行为很难真正和利用行为互相转化、互相支持，所以两者的结合就影响不了长期绩效。

对本章假设7检验显示，在美国样本中成立的部分中介作用是大股东（BH_{t-1}）通过“探索”和“利用”的平衡效应影响短期绩效，CEO持股（CS_{t-1}）通过“探索”和“利用”的平衡效应影响短期绩效；在中国样本中成立的完全中介作用是外部董事比例（OR_{t-1}）通过“探索”和“利用”的平衡效应影响长期绩效。由于监督和激励对“探索”和“利用”的结合效应没有显著作用，所以未能支持本章假设8。

现将对中国和美国2国样本研究结论的异同及其成因归纳如表5－7所示。

表5－7 中国和美国2国样本研究结论的异同及其成因

类别	假设	美国样本	中国样本
不同	假设1a：监督水平越高，“探索”和“利用”越平衡	正相关，美国企业处在价值链的上游，并且能在监督水平增加的情况下积极整合、调动和配置资源，以提高处在较低水平且较难提高的探索行为，使“探索”和“利用”更平衡	负相关。目前，中国企业基本处在价值链的下游，并不需要或者没有意识到要提高探索水平。而且由于没有经验和资源，探索行为的提高在以制造业为代表的传统企业变得比较困难。监督水平的提高只能使代理人提高快速见效的利用行为，反而扩大了两者差距，使“探索”和“利用”越来越不平衡
	假设6：“探索”和“利用”结合得越好，公司的短期绩效和长期绩效越好	正相关。结合假设5综合来看，在美国平衡效应和结合效应都适合	结合效应能够推动短期绩效，但是却不能影响长期绩效。结合假设5综合来看，目前中国还只适用平衡效应，不适用结合效应。
相同	假设2a：激励水平越高，“探索”和“利用”越平衡	正相关。由于激励比监督更加长期导向，而且代理人的财富最大化与企业的绩效提高被协同，所以代理人会为了自己能从企业长期绩效中获益而自愿去增加较难的探索行为，这也在一定程度上说明激励比监督有更强大的力量，因为在中国样本中监督不能使两者平衡而激励却做到了	
	假设1b：监督水平越高，“探索”和“利用”结合得越好；假设2b：激励水平越高，“探索”和“利用”结合得越好	不显著。无论是在美国还是中国，“探索”和“利用”的结合效应比两者的平衡效应要更难达到。“探索”和“利用”的结合效应要求企业不仅做到使“探索”和“利用”两者在同一空间、时间共存，还要使“探索”和“利用”相互转化、相互支持，利用行为过程中发现探索行为的线索，而探索行为的成果能够真正转化为企业的日常操作	
	假设5：“探索”和“利用”越平衡，公司的短期绩效和长期绩效越好	正相关。无论在美国还是中国，“探索”和“利用”的共存已经能够给企业带来短期绩效和长期绩效的增加	

在美国样本的公司治理中，监督对“探索”和“利用”的平衡效应有正向影响；在中国样本的公司治理中，监督的增强却使“探索”和“利用”更加不平衡。由于在中国提高“探索”水平比在美国更难，所以中国公司委托人的监督在一定程度上让高管分配更多资源在“利用”上，高管通过提高有短期成果的“利用”应对监督者的评估，使“探索”和“利用”之间的差距变大，增加“利用”可能会提升公司的短期绩效，但“探索”和“利用”的不平衡肯定会导致企业面临长期生存的威胁（He & Wong, 2004）。基于以上研究结果，中国公司委托人在进行监督时要特别注意考察管理者在长期项目（即“探索”）上的资源分配。虽然在中国提高“探索”水平很难，但长期坚持“探索”的资源投入以及越来越注重创新的经营环境的变化会使情况有所改观。

无论是美国公司还是中国公司，激励都会促进“探索”和“利用”的平衡，所以公司可以着重加强委托人的激励。激励是一种长期导向的手段，特别适合代理人从长期的角度看待“探索”和“利用”的平衡效应和结合效应，制定出有利于公司长期发展的政策，而不是贪图一时的绩效增长而牺牲“探索”在公司内的必要资源分配。

无论是美国公司还是中国公司，大股东都通过“探索”和“利用”的平衡效应影响短期绩效，说明大股东的监督使公司的政策在短期内是有效的（Hill & Snell, 1988），增加大股东的监督有利于公司短期内达到“探索”和“利用”的平衡，提升短期绩效，而长期绩效还需要大股东将监督重点放在长远发展上。

本章的研究清晰地说明了公司治理结构通过组织二元性影响绩效的机制。本书第6章将用大样本的实证研究将组织二元性的2个结构基础整合起来，探讨组织结构分隔和公司治理结构共同通过组织二元性影响企业绩效的过程。

第 6 章 组织二元性的结构基础——组织结构分隔与公司治理结构

6.1 研究目的

本书提出了关于组织二元性结构基础的理论框架，第 3 章、第 4 章、第 5 章完成的 3 项子研究分别呈现了该理论框架的不同侧面。

然而，尽管上述 3 项子研究对整体理论框架的概念构建和理论演绎都作出了贡献，但是由于侧重点不同，它们只是分别分析并检验了组织二元性的 2 个结构基础。此外，组织结构分隔对“探索”“利用”以及“探索”和“利用”的结合效应的影响是采用实验研究的方法，具有较高的内部效度，但是外部效度较低。为了能够整合 2 种结构基础，并且实证检验组织结构分隔的作用，需要进一步开展实证研究工作。

本章的主要目的是整合前 2 项子研究（即本书第 4 章和第 5 章）的研究内容和研究结果，在第 5 章的面板数据基础上，增加组织结构分隔这个变量，整合 2 个结构基础对于组织二元性的影响作用。为实现这一目的，作者提出了本章实证研究的理论模型（如图 6－1 所示）。模型中包含自变量公司治理结构、组织结构分隔和中介变量组织二元性。其中，组织二元性包括“探索”和“利用”的平衡效应和结合效应，因变量是企业绩效。在本章 6.2 中，作者将首先对该理论模型中相关构念的理论背景进行说明，进而提出研究假设。本章 6.3 和 6.4 将分别介绍研究方法以及呈现数据分析结果，在本章 6.5 总结、讨论相应的研究结果。

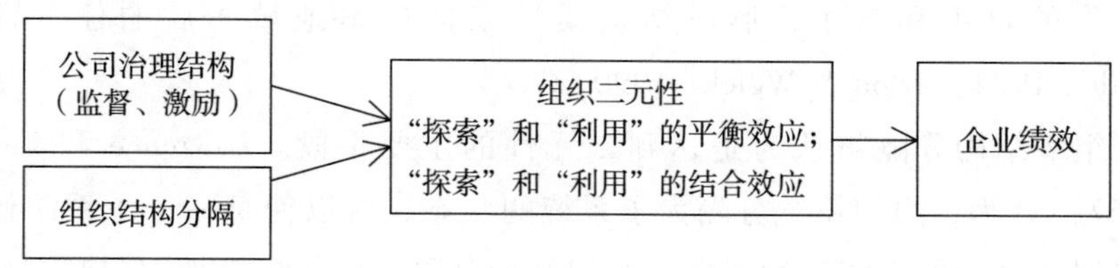

图 6－1　本章的理论模型

6.2
理论背景与研究假设

组织结构分隔，是将任务分解到不同的组织单元中，使之产生“探索”和“利用”的合适情境。在这个方法中，追求“探索”的组织单元比追求“利用”的组织单元更小、更去中心化、更柔韧（O'Reilly & Tushman，1996；Christensen，1997；Benner & Tushman，2003）。该结构分隔帮助二元性的组织维持不同的能力，能够解决分别来自新兴的和主流的商业机会的矛盾的需求（Gilbert，2005）。有些公司通过创造新公司追求新的机会（Christensen & Bower，1996；Galunic & Eisenhardt，2001）。聚焦在柔性探索上的、小的、扁平化的组织单元，从物理上远离聚焦在有效利用上的、大的、中心化的组织单元。这些空间上分离的单元保持分隔的状态，因此保持了它们活动、文化和认知框架等的独立性。

以往研究认为，二元的组织由结构上分隔的探索性单元和利用性单元组成。组织结构分隔使得组织单元间在思想、时间导向、功能和产品（或市场存在领域）不同（Lawrence & Lorsch，1967；Golden & Ma，

2003）。在二元的组织中，组织结构分隔导致了结构上分离的探索性单元和利用性单元，它们处于不同的地点（O'Reilly & Tushman，1996）。组织结构的分隔创造了“务实的边界”来保护探索性活动，远离母公司主流活动的统治性管理认知和惯性（Benner & Tushman，2003）。二元的组织允许不一致甚至矛盾的探索性单元和利用性单元在不同地点的共存，并围绕着主流的或者新出现的商业机会建立完全不同的激励机制，提供了对特定工作的自由和自主，形成结构柔性来适应本地域矛盾的任务环境（Child，1984；Orton & Weick，1990）。

组织结构分隔被认为是达到二元性的主要手段。Lawrence 和 Lorsch（1967）认为，组织系统分隔为子系统的状态，可以使每一个子系统倾向于根据环境发展出特定的属性。组织结构分隔可以使探索性部门和利用性部门在组织中共存，自然就达到了“探索”和“利用”的平衡。Benner 和 Tushman（2003）认为，二元性的组织会有不同的子系统，并且它们之间是松散耦合的。Chandrasekaran，Linderman 和 Schroeder（2012）对高科技企业的研究证明了组织结构分隔促进组织二元性能力。这种组织结构设计能促进“探索”和“利用”的结合。组织结构分隔可以让探索性部门和利用性部门共存。探索性部门和利用性部门在组织中长期的共存会使得两者之间有正式或非正式的沟通、配合、合作。例如，新产品利用公司现存的渠道实现销售，销售人员将顾客的建议反馈给新产品开发部门以提供开发新产品的思路等。这种沟通和合作是普遍存在的，（见第 3 章 3.3）。所以，组织结构分隔不仅能够达到“探索”和“利用”的平衡，还能促进“探索”和“利用”的结合。

第 4 章的实验研究已经证明了组织结构分隔与“探索”以及“探索”和“利用”的结合效应正相关。综上所述，本章对组织结构分隔与“探索”和“利用”的平衡效应、“探索”和“利用”的结合效应之间的关系提出以下假设：

假设 1：组织结构分隔与“探索”和“利用”的平衡效应正相关

假设 2：组织结构分隔与“探索”和“利用”的结合效应正相关

组织结构分隔在大系统（例如，大公司）中是切实可行的，因为大公司具有较多的资源，所以设立 2 个独立的团队（或子单元）是可能的（Raisch & Birkinshaw，2008）。以往关于二元性的研究发现，当高层及中层具有强有力的整合管理机制（例如，一个高度整合的高管团队和一个共享的愿景)，利用性活动在一个单元，探索性活动在另一个单元，这样的结构分隔促进公司绩效（Brady & Davies，2004；Jansen et al.，2009；O'Reilly & Tushman，2004）。Chandrasekaran 等（2012）的研究证明了二元性能力促进了高科技企业的绩效。

假设 3：组织结构分隔正向影响绩效

Jansen 等（2009）认为，结构分隔造成了空间上分隔的探索性部门和利用性部门，并且将不同的组织任务分配到相应的部门中。组织结构分隔防止了利用性部门的日常操作干涉探索性部门中新生的能力，保证了探索性部门能够自由和弹性地发展新的知识和技术，使得探索性部门和利用性部门在组织内共存，并保证 2 个部门可以各司其职。这样的组织结构安排能够促进“探索”和“利用”的平衡。O'Reilly 和 Tushman（2011）通过对 15 家企业的多案例比较研究，认为组织需要拥有能够使“利用”和“探索”2 类部门分离却又密切联系的组织架构以适当调用组织各类资源。Jansen 等（2009）认为，存在正式和非正式的高管团队整合机制（权变报酬和社会整合）、正式和非正式的组织整合机制（跨职能界面和连通性）。组织设计出结构分隔，必然也要设计出整合机制来整合探索性单元和利用性单元的成果，从而提高“探索”和“利用”的结合效应。因此，组织结构分隔会影响“探索”和“利用”两者间的平衡和结合程度，进而影响公司绩效。由此可以发现，“探索”和“利用”的平衡效应与结合效应在组织结构分隔和企业绩效之间起到中介作用。

假设 4：“探索”和“利用”的平衡效应在组织结构分隔和绩效之间起到中介作用

假设 5：“探索”和“利用”的结合效应在组织结构分隔和绩效之间起到中介作用

6.3 研究方法

本章采用与第 5 章相同的面板数据和研究方法。

自变量分为以下 2 个部分：第一部分是公司治理结构的 2 个方面，即监督和激励；第二部分是组织结构分隔。监督和激励的代理为外部董事比例（OR_{t-1}）、大股东（BH_{t-1}）、CEO 两职性（CD_{t-1}）、CEO 持股（CS_{t-1}），与第 5 章相同。

组织结构分隔（SD_{t-1}），需要分为以下 2 个步骤。第一步，要看组织存不存在组织结构分隔。如果企业有地理上、空间上分隔的单独的研发中心、新产品开发部门以及类似的探索性部门以区别于公司的主流业务，就认为其具备组织结构分隔，标记为 1，如果没有则标记为 0。具体的操作方法是查询每一个样本公司 2006—2010 年的年报，采用 research and development，research center，lab，product development 为关键词依次搜索美国样本，采用研发中心、技术开发中心、研发部、研发基地、实验室、研究院、研究开发公司为关键词依次搜索中国样本。以某美国公司为例，其年报表述为“我们的研发人员遍布全球，有澳大利亚、加拿大、中国、捷克共和国、德国、印度、以色列、日本、英国和美国”[①]“我们在美国得克萨斯州的休斯顿和奥斯汀，美国马萨诸塞州的沃尔瑟姆，美国加利福尼亚州的桑尼维尔，美国佛罗里达州的清水，在以色列，印度，法国和比利时，还有全球其他小办公室内从事研发活动”[②]，就可以认为该公司存在组织结构分隔。以某中国公司为例，其年报表述为“公司拥有长沙和北京 2 个大型研发中心”“独立的技术开发公司有：Telrise（Cayman）Telecom Limited. 开曼，研究及开发软交换机技术；Telrise INC. 开曼，研究及开发软交换机技术；南京德瑞通讯技术有限公司，南京，研究及开发软交换机技术；中兴集讯（美国）公司，各类通信产品的设计开发；ZiMax Technologies Inc. 美国，无线通讯技术研究”，就可以认为该公司存在组织结构分隔。如果公司年报中不匹配关键字，则认为公司不存在组织结构分隔。

在说明组织结构分隔存不存在（即组织结构分隔标记为 0－1）时，

---

① 英文原文为：“Our product development staff is global, with locations in Australia, Canada, China, the Czech Republic, Germany, India, Israel, Japan, the United Kingdom and the United States”.

② 英文原文为：“We conduct research and development activities in Houston and Austin, Texas, Waltham, Massachusetts, Sunnyvale, California, Clearwater, Florida, Israel, India, France and Belgium, as well as in small offices in other locations around the world.”

组织结构分隔的描述性统计如下：美国样本的均值为 0.54，标准差为 0.5，中国样本的均值为 0.25，标准差为 0.44。从这个描述性统计中可以看到，美国样本的均值要大于中国样本，所以美国样本采取组织结构分隔是比较多的，而中国样本采取组织结构分隔则比较少。

第二步，针对组织结构分隔的程度将第一步中标记为 1（即存在组织结构分隔）的公司进行等级划分。本章将存在组织结构分隔的公司划分为 3 个等级。由于美国样本和中国样本的组织结构分隔程度相差较多，所以在等级划分中美国样本采用了高标准，中国样本采用了低标准（如表 6－1 所示）。

表 6－1　美国样本和中国样本的组织结构分隔程度的划分

得分	美国	中国
0	不存在组织结构分隔	不存在组织结构分隔
1	通过关键字搜索公司年报后得到的信息比较笼统，仅表明存在独立研发机构	通过关键字搜索公司年报后得到的信息比较笼统，仅表示存在独立研发机构
	明确说明公司存在 1—2 个（含）独立研发机构	
2	明确说明公司存在 3—5 个（含）独立研发机构	明确说明公司存在 1—3 个（含）独立研发机构
3	明确说明公司存在 5 个以上独立研发机构	明确说明公司存在 3 个以上独立研发机构

在反映组织结构分隔的程度（即组织结构分隔是 0—3 的整数）时，组织结构分隔的描述性统计如下：美国样本的均值为 0.98，标准差为 1.04，中国样本的均值为 0.42，标准差为 0.78。无论美国样本还是中国样本，分隔程度的最小值为 0，最大值为 3。

中介变量为“探索”和“利用”的平衡效应（BA_t）以及“探索”和“利用”的结合效应（MA_t）。因变量是公司绩效 ROA。控制变量为所有者结构（OWS_{t-1}）、外部董事持股（OW_{t-1}）、CEO 任职年数（CT_{t-1}）、行业（IND_{t-1}）、公司年龄（AG_{t-1}）、公司规模（FS_{t-1}）。这些变量都采用第 5 章的数据，其描述性统计可以参见第 5 章 5.3。

本章的样本范围和第 5 章是一致的，包括 166 家美国公司和 102 家中国公司。自变量收集的是 2006—2010 年的数据，中介变量和因变量收集的是2007—2011年的数据。本章依然采用面板数据，使用Stata进行分析，同样因为数据存在自相关和异方差的问题，采用xtgls命令进行数据分析。

6.4 实证结果

公司治理结构和组织结构分隔通过组织二元性平衡效应和结合效应影响绩效的作用检验如表6－2所示。这里所说的组织结构分隔是本章6.3描述的组织结构分隔的程度。由于中国样本和美国样本控制变量对绩效（ROA_t）的回归已经分别在表5－2和表5－3的M_1中作了展示，故在表6－2中省略。表6－2中的M_1是控制变量、公司治理结构和组织结构分隔对绩效的回归，而M_2和M_3分别是控制变量、公司治理结构和组织结构分隔对平衡效应和结合效应的回归。可以看到，在美国样本中组织结构分隔的作用只有在平衡效应中显著，而在结合效应中并不显著，所以M_4仅检验了平衡效应的中介作用，没有检验结合效应的中介作用。中国样本的检验结果和美国样本类似，展示在M_5－M_8中。

分析美国样本的M_1时可以看到，组织结构分隔显著地正向影响绩效（$\beta=0.0144$，$p=0.000$），支持本章假设3。M_2显示排除公司治理结构的影响，组织结构分隔越大，“探索”和“利用”之间的差距越小，即“探索”和“利用”越平衡，所以组织结构分隔正向影响“探索”和“利用”的平衡效应（$\beta=-0.0502$，$p=0.000$），支持本章假设1。即使加入组织结构分隔的影响，公司治理结构的监督和激励对平衡效应的作用仍与第5章展示的基本相同。在表5－2中，外部董事比例（OR_{t-1}）、大股东（BH_{t-1}）、CEO两职性（CD_{t-1}）、CEO持股（CS_{t-1}）对“探索”和“利用”的平衡效应的影响分别为（$\beta=-0.0655$，$p=0.048$）、（$\beta=-0.0221$，$p=0.002$）、（$\beta=0.0366$，$p=0.003$）、（$\beta=-0.0057$，$p=0.000$），对结合效应的影响分别为（$\beta=0.0017$，$p=0.943$）、（$\beta=-0.0057$，$p=0.287$）、（$\beta=-0.0064$，$p=0.353$）、（$\beta=0.0005$，$p=0.805$）。而

表 6-2　治理结构和组织结构分隔通过组织二元性平衡效应和结合效应影响绩效的作用检验

变量		美国样本				中国样本			
		ROA_t	BA_t	MA_t	ROA_t	ROA_t	BA_t	MA_t	ROA_t
		M_1	M_2	M_3	M_4	M_5	M_6	M_7	M_8
控制变量	OWS_{t-1}	0.0178	0.1142***	-0.3138	0.0257*	0.0007***	-0.0007	-0.0010	0.0006***
		(0.187)	(0.000)	(0.255)	(0.042)	(0.000)	(0.663)	(0.811)	(0.000)
	OW_{t-1}	0.0015**	0.0018	0.0056	0.0014**	-0.0003	-0.0014	0.0037	-0.0003*
		(0.009)	(0.384)	(0.806)	(0.007)	(0.188)	(0.527)	(0.659)	(0.017)
	CT_{t-1}	0.0012**	-0.0048	-0.0031	0.0013***	0.0017***	0.0131**	-0.0191	0.0016***
		(0.004)	(0.000)	(0.614)	(0.001)	(0.000)	(0.003)	(0.178)	(0.000)
	IND_{t-1}	0.00003	0.0001	0.0005	0.0001**	-0.0170***	0.5856***	0.0344	0.0104***
		(0.420)	(0.430)	(0.452)	(0.002)	(0.000)	(0.000)	(0.576)	(0.001)
	AG_{t-1}	-0.00007	0.0065***	0.0027	0.0001	-0.0024***	0.0322***	-0.0122	-0.0010***
		(0.452)	(0.000)	(0.109)	(0.087)	(0.000)	(0.000)	(0.256)	(0.000)
	FS_{t-1}	0.0080**	0.0932***	-0.1669***	0.0103***	0.0028**	0.1338***	-0.0021	0.0085***
		(0.002)	(0.000)	(0.000)	(0.000)	(0.006)	(0.000)	(0.946)	(0.000)
监督	OR_{t-1}	0.0298*	-0.0747*	0.2885	0.0356**	-0.0149	0.7970***	1.9966**	0.0010
		(0.047)	(0.021)	(0.376)	(0.007)	(0.263)	(0.000)	(0.002)	(0.951)
	BH_{t-1}	0.0125***	-0.0139*	-0.0794	0.0092*	-0.0094***	0.0941***	-0.0006	-0.0059***
		(0.001)	(0.049)	(0.340)	(0.018)	(0.000)	(0.000)	(0.993)	(0.000)
	CD_{t-1}	-0.0232***	0.0437***	-0.0310	-0.0289***	0.0030	-0.1107***	-0.0422	-0.0008
		(0.000)	(0.000)	(0.741)	(0.000)	(0.417)	(0.000)	(0.747)	(0.801)

续表

变量		美国样本				中国样本			
		ROA_t M$_1$	BA_t M$_2$	MA_t M$_3$	ROA_t M$_4$	ROA_t M$_5$	BA_t M$_6$	MA_t M$_7$	ROA_t M$_8$
激励	CS_{t-1}	-0.0003* (0.016)	-0.0072*** (0.000)	0.0180*** (0.000)	-0.0005** (0.002)	0.000004 (0.965)	-0.0050*** (0.000)	-0.0024 (0.286)	-0.0001* (0.022)
组织结构分隔	SD_{t-1}	0.0144*** (0.000)	-0.0502*** (0.000)	0.0697 (0.152)	0.0069** (0.008)	-0.0042** (0.002)	-0.1364*** (0.000)	0.0405 (0.466)	-0.0070** (0.002)
“探索”和“利用”的平衡效应	BA_t				-0.0419*** (0.000)				-0.0460*** (0.000)
_cons		0.24 (0.000)	-0.87 (0.000)	0.78 (0.049)	0.20 (0.000)	0.06 (0.000)	-6.14 (0.000)	-0.62 (0.462)	-0.20 (0.000)
Wald		95.15 (0.000)	1309.59 (0.000)	43.52 (0.000)	262.43 (0.000)	274.33 (0.000)	570.70 (0.000)	18.85 (0.064)	607.71 (0.000)
N		830	830	830	830	510	510	510	510

注：（1）***、**、*分别表示在0.001、0.01和0.05的水平上显著；（2）括号内为p值。

表6－2中展示的美国样本治理结构对平衡效应的作用分别为（$\beta=-0.0747$，$p=0.021$）、（$\beta=-0.0139$，$p=0.049$）、（$\beta=0.0437$，$p=0.000$）、（$\beta=-0.0072$，$p=0.000$），对结合效应的作用分别为（$\beta=0.2885$，$p=0.376$）、（$\beta=-0.0794$，$p=0.340$）、（$\beta=-0.0310$，$p=0.741$）、（$\beta=0.0180$，$p=0.000$）。通过数据的对比可以看出即使加入了组织结构分隔，公司治理结构对组织二元性的平衡效应和结合效应的影响仍与第5章基本相同。对公司治理结构作用的分析参见第5章。更重要的是，M_2和M_3反映了组织结构分隔和公司治理结构共同对组织二元性产生影响，即两者对组织二元性有共同作用，为本书提出的组织二元性存在2个结构基础的框架提供了坚实的实证证据。

表6－2的M_3显示，组织结构分隔和结合效应之间没有显著作用，所以没有检验结合效应的中介作用，即本章假设2和本章假设5不被支持。表6－2中M_4检验了平衡效应的中介作用（$\beta=-0.0419$，$p=0.000$）。在加入平衡效应这个中介作用后，自变量组织结构分隔的作用减弱（$\beta=0.0069$，$p=0.008$），说明平衡效应在组织结构分隔和绩效之间的中介作用成立，支持本章假设4。

分析中国样本的M_5时可以看到，组织结构分隔显著地负向影响绩效（$\beta=-0.0042$，$p=0.002$）。M_6显示排除公司治理结构的影响，组织结构分隔越大，“探索”和“利用”之间的差距越小，即“探索”和“利用”越平衡，所以组织结构分隔正向影响“探索”和“利用”的平衡效应（$\beta=-0.1364$，$p=0.000$），支持本章假设1。即使加入组织结构分隔的影响，公司治理结构的监督和激励对平衡效应和结合效应的作用仍与第5章展示的基本相同。在表5－3中，外部董事比例（OR_{t-1}）、大股东（BH_{t-1}）、CEO两职性（CD_{t-1}）、CEO持股（CS_{t-1}）对“探索”和“利用”的平衡效应的影响分别为（$\beta=0.8736$，$p=0.000$）、（$\beta=0.0596$，$p=0.012$）、（$\beta=-0.1082$，$p=0.000$）、（$\beta=-0.0071$，$p=0.000$）；对结合效应的影响分别为（$\beta=0.5035$，$p=0.083$）、（$\beta=0.0132$，$p=0.537$）、（$\beta=-0.0011$，$p=0.975$）、（$\beta=-0.0016$，$p=0.118$）。而表6－2中展示的加入组织结构分隔后中国样本治理结构对平衡效应的作用分别为（$\beta=0.7970$，$p=0.000$）、（$\beta=0.0941$，$p=0.000$）、（$\beta=-0.1107$，$p=0.000$）、（$\beta=-0.0050$，$p=0.000$），对结合效应的作用分别为（$\beta=1.9966$，$p=0.002$）、（$\beta=-0.0006$，$p=0.993$）、（$\beta=-0.0422$，$p=$

0.747)、($\beta = -0.0024$, $p = 0.286$)。通过数据的对比可以看出，即使加入了组织结构分隔，公司治理结构对组织二元性的平衡效应和结合效应的影响仍与第5章基本相同，和美国样本相似。另外，表6－2中的M_6和M_7也反映了组织结构分隔和公司治理结构组织二元性有共同作用，支持了组织二元性存在2个结构基础的框架。

表6－2的M_7显示，组织结构分隔和结合效应之间没有显著作用，所以没有检验结合效应的中介作用，不支持本章假设5。表6－2中M_8检验了平衡效应的中介作用（$\beta = -0.0460$, $p = 0.000$）。在加入平衡效应这个中介作用后，自变量组织结构分隔的作用减弱（$\beta = -0.0070$, $p = 0.002$），说明平衡效应在组织结构分隔和绩效之间的中介作用成立，支持本章假设4。

这些实证结果中最引人关注和思考的有以下2个部分：第一，在本章假设1和假设2组织结构分隔对平衡效应和结合效应的正向作用中，中国样本和美国样本都只支持了组织结构分隔对平衡效应的作用，而结合效应的作用并不显著。第二，本章假设3中组织结构分隔对绩效的正向作用美国样本显著支持，而中国样本出现了反向显著的结论。中国公司处于对组织结构分隔的初始阶段，发展程度远远低于美国公司，这从描述统计中就可以看得出来，而且中国样本的组织结构分隔也采用了低标准。中国企业中的探索性部门往往没有真正地发挥应有的作用，造成资源浪费和绩效降低。这个结论也可以联系到第4章实验研究的结论：高个体二元性在“探索”以及“探索”和“利用”的结合效应上优于双低—双低组（LL），即2个人合作的成绩还不如1个优秀的人的成绩。这个结论说明了组织结构分隔得好坏是至关重要的。如果结构分隔做的不好，探索性部门和利用性部门分隔不够、相互阻碍，就是在浪费组织资源，造成组织结构分隔反而降低了绩效。中国公司在组织结构分隔这一主题上还有很长的路要走。

本书中国样本和美国样本都仅支持了本章假设1和假设2中组织结构分隔对平衡效应的正向作用，而组织结构分隔对结合效应的作用检验并不显著。这提示作者联想到本书第4章实验研究中的一个子结论：组织结构分隔对“探索”以及“探索”和“利用”的结合效应的正向作用只体现在从双低—双低组（LL）到空间—物体组（KW）上，而空间—物体组（KW）和双高—双高组（HH）之间的差别不显著。组织结构分隔的程度从低级水平到中级水平有显著作用，而从中级水平到高级水平的正向作用就不显著了。由于组织结构分隔不仅存在从初级水平到高级水平的程度问题，还存在从无到有的问题。那么，如果组织结构分隔的程度得出了以上结论，组织结构分隔的存在与否是不是也会得出同样的结论呢？本章已经作了组织结构分隔的程度对组织二元性的作用检验，即组织结构分隔程度的变化。接下来本章将补充进行组织结构分隔存在与否对组织二元性的作用检验，说明组织结构分隔从无到有的变化。

为了进一步说明组织结构分隔的作用，对本章假设 1 和假设 2 进行了深入地补充验证。自变量是组织结构分隔存在与否。收集组织结构分隔这个变量的第一个步骤就是判断组织结构分隔是否存在，用 0—1 的二分变量表示。为了以示区别，标记为 SDN_{t-1}。

公司治理结构和组织结构分隔对组织二元性平衡效应和结合效应的作用再检验如表 6－3 所示。M_1 和 M_3 分别是在美国样本中控制变量对 2 个因变量的回归，M_2 和 M_4 分别是在美国样本中排除了控制变量影响之后组织结构分隔存在与否（SDN_{t-1}）对平衡效应和结合效应的回归。同样地，M_5 和 M_7 分别是在中国样本中控制变量对 2 个因变量的回归，M_6 和 M_8 是在中国样本中排除了控制变量影响之后组织结构分隔存在与否（SDN_{t-1}）对平衡效应和结合效应的回归。美国样本中的 M_1 和 M_2 以及中国样本中的 M_5 和 M_6 都是用来再检验本章假设 1 的，而美国样本中的 M_3 和 M_4 以及中国样本中的 M_7 和 M_8 都是用来再检验本章假设 2 的。

如表 6－3 所示，美国样本（$\beta = -0.1932$，$p = 0.000$）和中国样本（$\beta = -0.2510$，$p = 0.000$）都表明组织结构分隔存在与否（SDN_{t-1}）与“探索”和“利用”的平衡效应正相关，即组织结构分隔（SDN_{t-1}）越高，“探索”和“利用”越平衡，两者差距越小，支持本章假设 1。同时，可以看到，美国样本（$\beta = 0.3019$，$p = 0.007$）和中国样本（$\beta = 0.1354$，$p = 0.003$）都表明，组织结构分隔存在与否（SDN_{t-1}）与“探索”和“利用”的结合效应正相关，即组织结构分隔越高，“探索”和“利用”结合的越好，支持本章假设 2。不同于组织结构分隔的程度，组织结构分隔存在与否对平衡效应和结合效应都产生了显著作用。所以，组织结构分隔从无到有对组织二元性产生了全面的影响，是组织开始进入二元性状态的重要一步。而组织结构分隔设计的完成并不是终点，而是要使组织结构分隔真正发挥作用的起点。组织结构分隔如果做的不够好，可能导致虚设探索性部门，反而降低绩效。

表 6-3　治理结构和组织结构分隔对组织二元性平衡效应和结合效应的作用再检验

变量		美国样本				中国样本			
		BA_t	BA_t	MA_t	MA_t	BA_t	BA_t	MA_t	MA_t
		M_1	M_2	M_3	M_4	M_5	M_6	M_7	M_8
控制变量	OWS_{t-1}	0.1263*** (0.000)	0.1137*** (0.000)	-0.0190 (0.397)	-0.3770 (0.189)	-0.0019 (0.189)	-0.0004 (0.803)	-0.0032* (0.041)	-0.0026 (0.094)
	OW_{t-1}	-0.0010 (0.707)	0.0023 (0.206)	-0.0002 (0.849)	0.0045 (0.838)	-0.0013 (0.570)	-0.0012 (0.602)	0.0031 (0.588)	0.0054 (0.459)
	CT_{t-1}	-0.0008 (0.170)	-0.0049 (0.000)	-0.0003 (0.474)	0.0025 (0.972)	-0.0058 (0.215)	0.0089* (0.043)	-0.0063 (0.093)	-0.0076* (0.034)
	IND_{t-1}	0.0002 (0.302)	-0.00009 (0.501)	0.000006 (0.913)	0.0003 (0.596)	0.6447*** (0.000)	0.5915*** (0.000)	0.0672 (0.008)	0.0982** (0.006)
	AG_{t-1}	0.0078*** (0.000)	0.0064*** (0.000)	-0.0001 (0.327)	0.0032 (0.086)	0.0425*** (0.000)	0.0316*** (0.000)	-0.0181*** (0.000)	-0.0121** (0.004)
	FS_{t-1}	0.0670*** (0.000)	0.0912*** (0.000)	-0.0052 (0.115)	-0.1725*** (0.000)	0.0961*** (0.000)	0.1370*** (0.000)	-0.0137 (0.409)	-0.0259 (0.085)
监督	OR_{t-1}		-0.0618* (0.055)		0.3350 (0.317)		0.8313*** (0.000)		0.4720 (0.102)
	BH_{t-1}		-0.0261*** (0.000)		-0.0717 (0.397)		0.0887*** (0.000)		0.0134 (0.528)
	CD_{t-1}		0.0398*** (0.001)		-0.0660 (0.502)		-0.1044*** (0.000)		0.0002 (0.996)

续表

变量		美国样本				中国样本			
		BA_t	BA_t	MA_t	MA_t	BA_t	BA_t	MA_t	MA_t
		M_1	M_2	M_3	M_4	M_5	M_6	M_7	M_8
激励	CS_{t-1}		-0.0069 *** (0.000)		0.0186 *** (0.000)		-0.0064 *** (0.000)		-0.0017 (0.084)
组织结构分隔	SDN_{t-1}		-0.1932 *** (0.000)		0.3019 ** (0.007)		-0.2510 *** (0.000)		0.1354 ** (0.003)
_cons		-0.91 (0.000)	-0.75 (0.000)	-0.02 (0.514)	0.73 (0.079)	-5.36 (0.000)	-6.23 (0.000)	0.1454 (0.671)	-0.05 (0.874)
Wald		988.58 (0.000)	1317.83 (0.000)	4.68 (0.585)	48.17 (0.000)	643.85 (0.000)	652.10 (0.000)	22.86 (0.001)	31.33 (0.001)
N		830	830	830	830	510	510	510	510

注：(1) ***、**、* 分别表示在 0.001、0.01 和 0.05 的水平上显著；(2) 括号内为 p 值。

如表 6－3 所示，无论是美国样本还是中国样本，在加入了组织结构分隔存在与否（SDN_{t-1}）后，公司治理结构对平衡效应和结合效应的作用均与第 5 章表 5－2 和表 5－3 中 M_5和 M_6的检验结果基本一致。无论是加入组织结构分隔的程度（SD_{t-1}）还是加入组织结构分隔存在与否（SDN_{t-1}），公司治理结构依旧对平衡效应和结合效应有显著影响，而且影响的作用大小是稳健的。在第 5 章中，外部董事比例（OR_{t-1}）、大股东（BH_{t-1}）、CEO 两职性（CD_{t-1}）、CEO 持股（CS_{t-1}）对“探索”和“利用”的平衡效应的影响分别为美国样本（$\beta=-0.0655$，$p=0.048$）、（$\beta=-0.0221$，$p=0.002$）、（$\beta=0.0366$，$p=0.003$）、（$\beta=-0.0057$，$p=0.000$），中国样本（$\beta=0.8736$，$p=0.000$）、（$\beta=0.0596$，$p=0.012$）、（$\beta=-0.1082$，$p=0.000$）、（$\beta=-0.0071$，$p=0.000$）；“探索”和“利用”结合效应的影响分别为美国样本（$\beta=0.0017$，$p=0.943$）、（$\beta=-0.0057$，$p=0.287$）、（$\beta=-0.0064$，$p=0.353$）、（$\beta=0.0005$，$p=0.805$），中国样本（$\beta=0.5035$，$p=0.083$）、（$\beta=0.0132$，$p=0.537$）、（$\beta=-0.0011$，$p=0.975$）、（$\beta=-0.0016$，$p=0.118$）。在表 6－3 中，外部董事比例（OR_{t-1}）、大股东（BH_{t-1}）、CEO 两职性（CD_{t-1}）、CEO 持股（CS_{t-1}）对“探索”和“利用”的平衡效应的影响分别为美国样本（$\beta=-0.0618$，$p=0.055$）、（$\beta=-0.0261$，$p=0.000$）、（$\beta=0.0398$，$p=0.001$）、（$\beta=-0.0069$，$p=0.000$），中国样本（$\beta=0.8313$，$p=0.000$）、（$\beta=0.0887$，$p=0.000$）、（$\beta=-0.1044$，$p=0.000$）、（$\beta=-0.0064$，$p=0.000$）；对“探索”和“利用”的结合效应的影响分别为美国样本（$\beta=0.3350$，$p=0.317$）、（$\beta=-0.0717$，$p=0.397$）、（$\beta=-0.0660$，$p=0.502$）、（$\beta=0.0186$，$p=0.000$），中国样本（$\beta=0.4720$，$p=0.102$）、（$\beta=0.0134$，$p=0.528$）、（$\beta=0.0002$，$p=0.996$）、（$\beta=-0.0017$，$p=0.084$）。对比数值可以看出，无论是加入组织结构分隔的程度（SD_{t-1}）还是加入组织结构分隔存在与否（SDN_{t-1}），都能够和公司治理结构一起对组织二元性产生显著影响，再次说明了组织结构分隔和公司治理结构确实是组织二元性的 2 个结构基础。

第 4 章的研究通过实验研究检验了组织结构分隔对“探索”“利用”以及“探索”和“利用”的结合效应的作用，本章的研究使用大样本数据实证检验了组织结构分隔对“探索”和“利用”的平衡效应和结合效应的影响，进一步佐证实验研究的结论，增加了外部效度。即组织结构分隔的程度仅对“探索”和“利用”的平衡效应有显著作用。在补充研究组织结构分隔存在与否时，无论是美国样本还是中国样本，对平衡效应和结合效应都有显著的正向作用，即组织结构分隔存在与否（SDN_{t-1}）对组织二元性的作用是普遍的。为了开启组织二元性的状态，组织结构分隔从无到有是全面改变组织的事件。组织结构分隔从低水平到高水平也将考验组织能否让组织结构分隔通过组织二元性促进组织绩效。总之，无论是组织结构分隔存在与否，还是组织结构分隔的程度，都说明了组织结构分隔是组织二元性的一个重要的结构基础。

6.5 研究结论和讨论

本章假设 1 和假设 2 分别认为组织结构分隔与“探索”和“利用”的平衡效应和结合效应正相关。组织结构分隔是从初级水平到高级水平的程度变化的问题，中国、美国 2 组样本都支持本章假设 1，但都不支持本章假设 2（如表 6－4 所示）。

表 6－4　　本章各项假设验证情况汇总表

假设	内容	美国样本	中国样本
假设 1	组织结构分隔与“探索”和“利用”的平衡效应正相关	支持	支持
假设 2	组织结构分隔与“探索”和“利用”的结合效应正相关	不支持	不支持
假设 3	组织结构分隔正向影响绩效	支持	反向显著
假设 4	“探索”和“利用”的平衡效应在组织结构分隔和绩效之间起到中介作用	支持	支持
假设 5	“探索”和“利用”的结合效应在组织结构分隔和绩效之间起到中介作用	不支持	不支持

因为组织结构分隔是本章研究的核心，为了进一步验证组织结构分隔对组织二元性的作用，本章还补充了测量对象，针对本章假设 1 和假设本章 2 作了额外的检验，即测量组织结构分隔这种结构设计是否存在，以检验组织结构分隔从无到有的变化。表 6 – 3 的结果证明了无论中国样本还是美国样本，组织结构分隔存在与否都显著地影响“探索”和“利用”的平衡效应和结合效应。通过测量组织结构分隔的程度，本章检验了组织结构分隔的程度从初级水平到高级水平的变化，即组织结构分隔做得好会产生何种影响，做得不好又可能导致何种后果。通过测量组织结构分隔从无到有，使得组织进入到追求二元性的状态中去，对平衡效应和结合效应都有显著的正向作用。

本章假设 3 认为，组织结构分隔正向影响绩效。美国样本支持了本章假设 3，而中国样本则出现了反向显著的结论。组织结构分隔是一项比较昂贵的组织结构设计，它要求单独设立 1 个探索性部门，而且需要给予探索性部门充分的自由去从事很可能会失败的探索性项目。虽然这样的 1 种组织结构分隔真正发挥作用，在短期内可能对绩效有一定的影响，因为设立这样的结构需要花费一定的人力、财力、物力，但是长期一定会给企业的生存和发展带来后驱力。美国样本的组织结构分隔比较普遍，所以美国公司已经习惯了这样的组织结构分隔，真正地做到了将探索性部门和利用性部门分隔，从而对绩效有显著正向影响。中国样本的组织结构分隔还处在初期阶段，得出反向显著的结论有以下 2 种解释：第一，中国样本的组织结构分隔还在建设期，需要消耗资源而又未贡献绩效，所以和绩效是负相关的关系；第二，中国样本的组织结构分隔只存在形式，沦为门面和摆设，并未真正符合组织结构分隔的要求，从而才会与绩效负相关。

本章假设 4 认为，“探索”和“利用”的平衡效应在组织结构分隔和绩效之间起到中介作用。中国和美国的样本数据都支持了平衡效应在组织结构分隔和绩效之间的中介作用，可以认为组织结构分隔这样的结构设计确实会促进企业追求二元性，而追求二元性又可以提高企业绩效。本章假设 5 认为，“探索”和“利用”的结合效应在组织结构分隔和绩效之间起到中介作用。由于对组织结构分隔程度的测量对“探索”和“利用”的结合效应并不显著，所以没有中介作用。

本章结论对管理实践的启示如下：第一，组织要想达到二元性，首选的方法就是组织结构分隔（与本书第 4 章得出的启示一致）。组织结构分隔能够使矛盾的、互相争夺组织资源的探索性部门和利用性部门共存，并且能够给予探索性部门充分的自由去从事新产品开发、尝试新业务等探索性活动，远离主流业务的预算、盈利等要求，而利用性部门能够专注于主营业务，保证企业当下能够实现盈利，并且可以有盈余提供给探索性部门，使其从事探索性活动，以期未来企业的盈利增长点出现在探索性部门中，或者未来企业能够依赖探索性部门的成果对市场变动作出快速的响应和转变甚至完全转型。这样的一种组织结构设计确实能够帮助企业追求二元性。第二，组织不仅要关注组织结构，而且需要关注公司治理结构，因为两者都是组织二元性的重要结构基础。公司治理中的监督和激励机制，包括外部董事比例（OR_{t-1}）、大股东（BH_{t-1}）、CEO 两职性（CD_{t-1}）、CEO 持股（CS_{t-1}）等。对“探索”和“利用”的平衡效应有显著影响，说明股东的成分、董事会组成、CEO 报酬等都会影响权利（right）的分配和平衡，从而影响探索性活动和利用性活动的平衡。公司治理结构是在上的原则性规则，组织结构是在下的操作性规则，在保证了公司治理结构之后，再设计组织结构，两者一起组成健康、有序的组织二元性的结构基础。

作为本书的最后 1 个子研究，本章的实证分析完成了对组织二元性 2 个结构基础的解释和整合，提出并验证了组织二元性存在组织结构分隔和公司治理结构 2 个结构基础的理论模型。

第 7 章

结论与展望

在日益复杂和动态的全球化、网络化超竞争商业环境中，组织为了避免成功陷阱和失败陷阱，需要既“探索”又“利用”。“利用”可以高效率地满足短期市场需求，“探索”可以创新性地适应长期市场趋势，这就是企业的组织二元性。利用性活动包括渐进型创新，对现有机会、资源和能力的调动和应用等；探索性活动包括根本性创新，对新的机会、资源和能力的学习和开发等。组织二元性的内涵是什么？组织二元性怎样达到？组织二元性是否与组织绩效和生存相关？在哪些条件下二元性最有用？这些问题成为了企业管理者和学者共同关心的问题。

组织二元性的研究广泛存在于技术创新、组织设计、组织适应、组织学习、竞争优势和组织生存等领域，包括生产效率和柔性（Carlsson, 1989；Adler et al.，1999），差异化和低成本战略定位（Porter，1996），渐进创新和彻底创新（Benner & Tushman，2003；Lin et al.，2013），协同和适应（Gibson & Birkinshaw, 2004），“探索”和“利用”的创新战略（He & Wong，2004），搜索和稳定（Siggelkow & Levinthal, 2003, 2005），战略导向中的利润导向和突破导向（Andriopoulos & Lewis，2009）等。然而，以往的理论研究和实证分析却很少关注组织二元性本身的内涵，也并未充分地解释怎样达到组织二元性。本书正是从产品和市场 2 个角度刻画了企业的组织二元性，并从结构的视角探讨组织二元性的实现路径。

基于对已有文献的回顾，本书提出了组织二元性存在 2 个结构基础——组织结构分隔和公司治理结构。组织结构分隔通过设计分隔的探索性单元和利用性单元，公司治理结构通过监督和激励机制约束管理层行为。2 个结构基础以不同的方式促进“探索”和“利用”的平衡效应及结合效应。第 4 章的实验研究用走迷宫点物体的游戏验证了组织结构分隔对“探索”以及“探索”和“利用”的结合效应的显著作用，并且证明了结构视角是最容易达到组织二元性的路径。第 5 章的实证研究展示了公司治理结构通过“探索”和“利用”的平衡效应影响企业绩效的过程。第 6 章将第 4 章和第 5 章的研究整合起来，说明了组织结构分隔和公司治理结构共同作用于“探索”和“利用”的平衡效应，从而促进企业绩效。

本书通过对上述 2 种类别的结构基础进行研究，深入地探讨了如何达到组织二元性。本章将梳理理论建构和开展各项子研究取得的主要结论和现实意义，并对相应的理论进展和研究局限进行讨论，从而提出未来研究的可能方向。

7.1 主要结论

本书得出的主要结论有以下几点：

1. 组织二元性在企业中体现为存在良性互动的产品探索、产品利用、市场探索和市场利用

超竞争环境使企业既要高效率地满足短期市场需求，又要创新性地适应长期市场趋势。平衡企业短期需求和长期发展的组织二元性设计，应该同时关注哪些基本维度，如何实现它们的互动，已成为亟待解决的问题。通过万马电缆的描述性案例研究，本书提出从产品和市场 2 个方面刻画组织二元性的 4 个基本维度，即产品探索、产品利用、市场探索和市场利用，并分析了它们之间的良性互动，进而指出企业要实现可持续发展，必须对现有产品和市场以及新生产品和市场进行组合管理。

2. 组织结构分隔是实现组织二元性的重要途径

基于结构视角的研究认为，组织结构分隔是达到二元性的主要手段。组织结构分隔会形成处于不同地点的结构上分离的探索性单元和利用性单元（Benner & Tushman，2003；O'Reilly & Tushman 1996）。二元的组织允许看起来矛盾的探索性单元和利用性单元在不同地点共存，还允许围绕着主流的和新出现的商业机会建立完全不同的组织结构、文化以及激励机制等。关于组织结构分隔的研究，大多数采用了案例和问卷的研究方法。本书第 4 章和第 6 章分别采用实验研究和大样本实证研究的方法，共同检验了组织结构分隔的作用。实验研究用走迷宫点物体同时进行的游戏，在较高的内部效度下，验证了组织结构分隔对“探索”以及“探索”和“利用”的结合效应有显著作用。为了检验外部效度，第 6 章又进行了二手数据研究，验证了组织结构分隔对“探索”和“利用”的平衡效应和结合效应都有显著作用。至此，在实验研究和实证研究的双重验证下，本书验证了组织结构分隔是实现组织二元性的重要途径。

3. 公司治理结构是重要的组织二元性结构基础，并且组织二元性促进企业绩效

面对全球化的激烈竞争，企业的生存和发展既要高效率地满足短期市场需求，又要创新性地适应长期市场趋势，这就对企业的组织二元性提出了要求。现有的关于结构影响组织二元性的研究中，结构仅指组织结构，而不是治理结构。关于“探索”和“利用”的关系主要有取舍和正交 2 种观点，但学者们尚未达成共识。针对已有关于组织二元性前因研究中忽略公司治理结构的不足以及“探索”和“利用”两者关系的不明确，本书将治理结构作为前因，将“探索”和“利用”的取舍（即两者的平衡效应）以及“探索”和“利用”的正交（即两者的结合效应）作为中介，考察了公司治理通过“探索”和“利用”的平衡效应和结合效应提升短期绩效和长期绩效的机制。

本书收集了 2006—2011 年的中国和美国上市公司面板数据，由于数据存在自相关和异方差，所以使用了可行广义最小二乘法（FGLS）进行实证检验。实证结果表明，在美国样本公司治理中，监督和激励均对“探索”和“利用”的平衡效应有促进作用；在中国样本中，激励对平衡效应有正向作用，但是监督却有负向作用，即监督越高，“探索”和“利用”越不平衡。这可能是因为中国样本的探索水平较低而且较难提高，提高监督水平后，代理人只能通过增加“利用”应对委托人的严格监督，而探索水平却没有太大改善，导致两者之间的差距反而变大。实证结果还表明，在中国样本和美国样本中，监督和激励对结合效应的作用均不明显，证实了“探索”和“利用”的结合比两者的平衡更难达到；在美国样本中，“探索”和“利用”的平衡效应和结合效应都正向影响短期绩效和长期绩效，而在中国样本中，“探索”和“利用”的平衡效应正向影响短期绩效和长期绩效，但是结合效应只影响短期绩效，对长期绩效的影响不显著。这表明目前在中国仅适用平衡效应，而不适用结合效应。“探索”和“利用”的平衡效应在公司治理和短期绩效、长期绩效的中介作用已得到部分验证，而两者结合效应的中介作用没有得到验证。本书的研究结论拓展了关于组织二元性前因的研究，同时也提供了中国公司和美国公司行为差异的对比分析。

4. 组织结构分隔和公司治理结构共同组成组织二元性的结构基础

本书第 5 章用实证研究提出公司治理结构能够通过“探索”和“利用”的平衡效应和结合效应影响组织的短期绩效和长期绩效，本书第 6 章在第 5 章研究的基础上增加了组织结构分隔影响因素。研究结果显示，排除组织结构分隔的影响，公司治理结构依旧显著影响组织二元性，组织结构分隔和公司治理结构都对组织二元性有显著作用，两者共同组成了组织二元性的结构基础。组织结构分隔和公司治理结构都可以通过“探索”和“利用”的平衡效应影响企业绩效。

7.2 理论进展

本书的理论建构和研究结果具有以下理论贡献。

1. 从技术和市场2个方面分析组织二元性的内容、维度及其互动

本书发展了组织二元性本身的定义和内涵。案例研究的理论贡献体现为：组织二元性中“探索”和“利用”的二分法框架被应用到技术来源、证券分析师雇用、公司并购等研究中（Rothaermel & Alexandre，2009；Groysberg & Lee，2009；Phene et al.，2012），但是并没有涉及组织二元性的核心内涵。现有研究虽然也有从产品和市场出发测量组织二元性的问卷研究（He & Wong，2004；Lubatkin et al.，2006；Jansen et al.，2006），但其题项比较笼统，含义也比较模糊，而且将产品、市场、技术、知识、顾客等揉和在一起。本书提出的产品探索、产品利用、市场探索和市场利用4个维度能够清晰地展示组织二元性的内涵，弥补了现有研究过于注重组织二元性的应用而较少关注其本身内涵的不足。

虽有研究在理论上提及产品探索、产品利用、市场探索和市场利用四者的关系，但较少学者研究四者互动（Voss & Voss，2013），更没有对之详加说明。本书在案例分析部分以万马电缆的典型事件对四者的互动作了说明，明确四者可以形成良性的循环互动。

2. 分别利用实验研究方法和实证研究方法证明了组织结构分隔的作用

实验研究的理论贡献体现在以下2个方面：第一，实验任务设计为常规的利用性任务和非常规的探索性任务同时进行，这对传统研究中的单一实验任务有所突破（Leavitt & Mueller，1951；Wegner et al.，1991；Aggarwal & Woolley，2013）。在超竞争时代背景下，组织都必须从事二元性的任务。本书尝试将2类任务结合起来研究，探讨组织结构分隔是否可以帮助组织达到二元性。第二，采用实验研究的方法，清晰地展示了组织结构分隔与“探索”“利用”以及“探索”和“利用”的结合效应的因果关系，这是以往关于组织结构分隔的研究中从未出现过的。实验研究通过操作不同分组的被试代表不同水平的组织结构分隔，双高—双高组（HH）、空间—物体组（KW）、双低—双低组（LL）分别模拟组织结构分隔的效果较好、中等、较差的情况。这样的操作符合组织结构分隔的定义，也很好地解决了组织结构分隔用问卷测量导致主观性较强、测量模糊的问题，为今后对组织结构分隔的研究提供了一种新的可能。

3. 基于结构视角提出公司治理结构是以往组织二元性领域研究中从未考虑过的一个重要前因，并且探索了公司治理结构通过组织二元性影响组织绩效的作用过程

实证研究的理论贡献主要体现在以下 3 个方面：

第一，研究了公司治理通过组织二元性影响短期绩效和长期绩效的作用机制。该研究着重提出了公司治理是组织二元性重要的前因变量，弥补了以往研究结构影响组织二元性时着重于组织结构而忽略了公司治理结构的欠缺。组织结构是对权力的协调，治理结构是对权力的制衡，两者缺一不可。所有者通过公司治理中的 2 个手段（即监督和激励）对高管自利行为进行控制。高管面临的不可分散的雇用风险导致他们具有风险规避的倾向，而正是因为“探索”的风险性和“利用”回报的稳定性，促使他们将“探索”视为不利于自己而有利于股东的决策。因此，监督和激励水平高时，高管会作出更有利于委托人的选择，增加长期风险项目（即“探索”的资源投入量），而由于日常运营的需要，“利用”的数量不能减少，从而使“探索”和“利用”更加平衡。外部董事比例、大股东、CEO 两职性、CEO 持股 4 个代理变量的显著结果证实了这个推论。

第二，研究了“探索”和“利用”的取舍和正交关系。“探索”和“利用”是正交的还是取舍的在现有研究中一直存在争议。同时，追求“探索”和“利用”的资源越稀缺，两者互斥的可能性越大。在单一领域中，“探索”和“利用”基本上是互斥的；在松散耦合的领域中，“探索”和“利用”一般是正交的，因为一个领域高水平的“探索”或者“利用”可以跟另一个领域高水平的“探索”或“利用”共存（Raisch & Birkinshaw, 2008）。该研究的实证部分使用“探索”和“利用”的平衡效用和结合效应作为中介变量，是将正交和取舍 2 种观点结合了起来。实证结果显示，这 2 种效用都会影响企业的短期绩效和长期绩效，由此证实了平衡效应和结合效应都存在。但对中国样本和美国样本的实证都反映了公司治理只影响平衡效应而不影响结合效应，这是因为治理结构是对权力的制衡，所以更影响平衡效应。“探索”和“利用”的结合效应如何实现对于美国企业和中国企业来说都是需要进一步探讨的命题，结合效应的前因除了现有文献中提到的结构、领导、情境等因素的有机结合，未来还需要更多的探讨。

第三，体现了中国企业和美国企业组织二元性对短期绩效和长期绩效作用的差别。对美国公司来说，“探索”和“利用”的平衡效应和结合效应都会影响短期绩效和长期绩效，而对于中国公司来说，“探索”和“利用”越平衡，就越会正向影响短期绩效和长期绩效，但是两者之间的结合只会正向影响短期绩效，并不会正向影响长期绩效。这可能是因为该研究以研发强度作为“探索”的代理，而中国企业的研发强度并不是很高且研发的有效性也不强，从而中国企业符合“探索”含义的行为很少，而“利用”只能在短期内提升公司绩效，所以两者的结合就不能影响公司的长期绩效。

4. 组织结构分隔和公司治理结构共同组成了组织二元性的结构基础

本书第 6 章的理论贡献如下：第一，组织结构分隔确实是达到组织二元性的重要前因。以往的研究认为，组织结构分隔或者有些文献中所称的结构二元性，是重要的组织二元性的视角。虽然本书第 4 章证明了组织结构分隔对“探索”以及“探索”和“利用”的结合有显著作用，且实验研究的内部效度很高，但是外部效度不够，所以本书第 6 章运用大样本研究的方法进一步说明了组织结构分隔对“探索”和“利用”的平衡效应和结合效应的显著作用。实验研究和实证研究都说明了组织结构分隔的重要作用。研究结果显示，组织结构分隔确实是达到组织二元性的重要路径。第二，组织结构分隔和公司治理结构共同组成了组织二元性的结构基础。该子研究在第 5 章研究基础上，增加了组织结构分隔。研究结果显示，增加组织结构分隔的影响后，公司治理结构依旧显著影响组织二元性，所以可以认为组织结构分隔和公司治理结构都对组织二元性有显著作用，两者共同组成了组织二元性的结构基础。

7.3 现实意义

上述这些研究结论对现实中企业在超竞争环境中的运营和实践起到重

要的理论指导作用。

首先，为企业应从哪些方面关注组织二元性提供了理论指导。本书的案例研究结果表明，企业在实际运营中需要从产品和市场 2 个方面关注组织二元性。一方面，企业应注重引入新一代的产品，扩展产品范围，进入新技术领域的产品探索；提高现存产品质量，降低生产成本，提高产量或者减少材料消耗，增加现存产品回报的产品利用；另一方面，企业应关注积极地进入新的细分市场、吸引新的顾客、使用新的营销渠道的市场探索；增加现有顾客的购买，持续地调查现存顾客的满意度，增加现存市场的规模经济，为现存顾客扩展服务的市场利用。产品探索、产品利用、市场探索和市场利用这 4 个方面缺一不可，互相支撑。如果可以在这 4 个方面之间建立良性互动，则能够帮助企业实现良好的“内循环”，促进企业的短期绩效和长期绩效都能够呈现螺旋式上升。

其次，为企业如何实现组织二元性提供了理论指导。一方面，企业可以通过设计探索性部门和利用性部门分开的组织结构分隔追求组织二元性。这样的一种组织结构设计能够帮助企业往正确的追求组织二元性的方向发展。当然，组织二元性的实现程度还要看组织结构分隔是否实施得好。若组织结构分隔得好，就能使探索性部门和利用性部门各司其职，各自从事各自擅长的活动，并且能够互相帮助、互相促进；若组织结构分隔得不好，就会导致 2 类部门相互影响，相互干扰，不能发挥各自的擅长，导致组织结构分隔只是一种摆设，没有真正起到追求组织二元性的作用。另一方面，企业可以通过公司治理结构影响 CEO 行为，从而达到组织二元性。公司治理结构中的监督和激励机制，能够减少 CEO 的自利行为，使其真正为企业的利益最大化而努力。CEO 行为对整个企业的影响很大，他（或她）可以权衡分配到探索性活动和利用性活动中的资源，并且可以结合探索性活动和利用性活动的成果促进企业加快达到组织二元性。良好的组织结构分隔和公司治理能够帮助企业实现组织二元性。

再次，为企业实行组织二元性是否能够促进企业绩效提供了理论指导。本书指出组织二元性能够促进企业的短期绩效和长期绩效。第 5 章的实证研究的结论清晰地展示了无论是美国样本还是中国样本，“探索”和“利用”的平衡效应都能够促进企业的短期绩效和长期绩效。在美国样本中，“探索”和“利用”的结合效应能够促进企业的短期绩效和长期绩效；在中国样本中暂时还未支持该结论，但可以预见，随着中国企业的发展，中国企业对探索性活动的关注必将日益增加，“探索”和“利用”的结合效应在未来的研究中也将更加受到中国企业的重视。总体来说，企业实行组织二元性确实能够促进企业的短期绩效和长期绩效。利用性部门关注企业当下的生存，而探索性部门关注企业未来的发展，两者协同合作，共同促进企业当前和未来的绩效。

7.4 研究局限与展望

本书在研究构思和研究方法等方面也不可避免地存在一些不足，这也为未来的研究指引了方向。

首先，本书仅关注了结构视角。在影响组织二元性的研究中，除了结构视角，还存在情境视角和顺序视角，这 2 种视角也是组织二元性研究中非常重要的方面。但本书对这 2 种视角并没有给予太多关注。原因主要是情境视角和顺序视角存在一些模糊性。例如，情境视角强调每个员工都能自主地决定如何在探索性活动和利用性活动之间分割自己的时间，顺序视角认为由公司决定在一段时间从事探索性活动另一段时间从事利用性活动并且循环往复。这样的视角在理论上是可行的，但是在实际操作中却存在障碍。如何保证员工个体的探索性活动实现组织层面的探索性活动，谁来决定公司在探索性活动和利用性活动转换的时间点等问题还需要更深入地讨论。所以本书只关注了可操作性强的结构视角。然而，情境视角和顺序视角也提供了宝贵的组织实现二元性的其他实现路径，在未来的研究中，可以更多地关注并且发展这 2 种视角的研究。

其次，在结构视角的研究中，有些学者强调了整合（integration）的作用，认为实现组织层面的二元性不仅需要分隔，而且需要整合，须将探索性部门和利用性部门的成果整合在一起；有些学者认为“探索”和“利用”只有再结合才能创造价值（Eisenhardt & Martin，2000；Teece，2007；O'Reilly & Tushman，2008）。由此可见，利用性活动和探索性活动在不同组织单元中共存仅仅代表重要但是不足够达到组织二元性的条件。

一些学者认为，高管团队需要保证跨单元的整合（Smith & Tushman, 2005；Cao, Simsek & Zhang, 2010）。也有学者建议二元性的组织应该使用基层整合机制来刺激跨单元的横向知识流（Tayler & Helfat, 2009）。本书作者认为，组织结构分隔这样的结构设计自然会形成一些正式的或者非正式的整合，而且以往研究中认为“探索”和“利用”相互促进的整合效果的重要性在本研究中并没有体现：假设认为 HH 组的“探索”组员能够更加理解、促进、整合利用性任务，而“利用”组员也能够理解、促进、整合探索性任务，但是这种作用并没有发挥出来，KW 组和 HH 组之间并没有显著差别。所以，本书没有将分隔和整合这 2 个过程进行区分，没有单独突出整合这个变量。在未来的研究中，可以进一步尝试将整合作为单独变量，验证分隔、整合、组织二元性之间的关系。

再次，本书在各个子研究的研究方法和研究设计上，都存在一定的局限性。由于资源限制，本书第 3 章只进行了单案例研究，未来可以进行多案例比较研究，或者在开发相应的问卷之后进行外部效度比较高的大样本实证研究予以弥补。

本书第 4 章实验研究的不足在于：以双人分组来模拟组织中探索性部门和利用性部门组织结构分隔的状态。由于实验游戏设计的局限性，走迷宫的探索性任务和点物体的利用性任务分别都只支持单人操作，所以两者同时进行就采用了双人合作的方式。未来的研究可以使用其他实验任务由 2 个团队分别代表组织中的探索性部门和利用性部门，这样更加贴近企业的实际情况。另外，双人合作的默契程度是实验完成后由被试自行填报的，实验得分的高低与自行填报的合作默契程度呈现高度相关，即实验得分低会一定程度归罪于合作不默契，而得分高也会一定程度归因于合作默契。在未来的研究中可以采用录像、观察等其他方法评估合作的默契程度。

本书第 5 章的实证研究也存在如下局限性：第一，监督和激励采用 4 个以往研究中常用的代理变量，但是由于二手数据研究的数据可得性，激励的代理变量只有 1 个。未来的研究可以采用更多的代理变量来验证；第二，“探索”和“利用”的含义丰富，本书仅根据两者的初始概念确定了代理变量（即研发费用强度和营业成本率）。未来的研究可以在其他领域尝试使用二手数据的其他代理变量反映“探索”和“利用”；第三，监督和激励的代理变量对“探索”和“利用”的结合效度的影响不明显，未来可进一步加大样本数据的收集，开展更加细致的数据分析，提高研究结论的有效性和可靠性。

本书第6章在收集组织结构分隔这个变量时，采用 research and development，research center，lab，product development 为关键词依次搜索美国样本年报，采用研发中心、技术开发中心、研发部、研发基地、实验室、研究院、研究开发公司为关键词依次搜索中国样本年报，搜索到对应的即标记为1，没有则标记为0。但是，有的企业存在虽具有符合条件的独立探索机构但是并没有披露在年报中的情况，这在本书中没有能够避免。另外，与第5章相同，“探索”和“利用”的结合效应的中介作用不显著，这在今后的研究中还需进一步研究。

参考文献

[1] Abernathy, W. J., & Clark, K. B. Innovation: apping the winds of creative destruction [J]. Research policy, 1985, 14 (1): 3 -22.

[2] Adler, P. S., Goldoftas, B., & Levine, D. I. Flexibility versus efficiency? A case study of model changeovers in the Toyota production system [J]. Organization science, 1999, 10 (1): 43 -68.

[3] Adler, P. S., Heckscher, C., & Grandy, J. From clans to collaboration: collaborative community as the basis of organizational ambidexterity (working paper) [R]. Los Angeles, CA: University of Southern California, 2014.

[4] Aggarwal, I., & Woolley, A. W. Do you see what I see? The effect of members' cognitive styles on team processes and errors in task execution [J]. Organizational behavior and human decision processes, 2013, 122 (1): 92 -99.

[5] Alchian, A. A., & Demsetz, H. Production, information costs, and economic organization [J]. The American economic review, 1972, 62 (5): 777 -795.

[6] Aldrich, H. E., & Ruef, Martin. Organizations evolving [M]. London: Sage Publications, 1999.

[7] Alexiev, A. S., Jansen, J. J. P., Van den Bosch, F. A. J., et al. Top management team advice seeking and exploratory innovation: the moderating role of TMT heterogeneity [J]. Journal of management studies, 2010, 47 (7): 1343 -1364.

[8] Amabile, T. M., Conti, R., Coon, H., et al. Assessing the work environment for creativity [J]. Academy of management journal, 1996, 39 (5): 1154 -1184.

[9] Andriopoulos, C., & Lewis, M. W. Exploitation – exploration tensions and organizational ambidexterity: managing paradoxes of innovation [J]. Organization science, 2009, 20 (4): 696 – 717.

[10] Atuahene – Gima, K. Resolving the capability—rigidity paradox in new product innovation [J]. Journal of marketing, 2005, 69 (4): 61 – 83.

[11] Auh, S., & Menguc, B. Balancing exploration and exploitation: the moderating role of competitive intensity [J]. Journal of business research, 2005, 58 (12): 1652 – 1661.

[12] Ausburn, L. J., & Ausburn, F. B. Cognitive styles: some information and implications for instructional design [J]. Educational Communication and technology, 1978, 26 (4): 337 – 354.

[13] Baysinger, B. D., & Hoskisson, R. E. The composition of boards of directors and strategic control: effects on corporate strategy [J]. Academy of management review, 1990, 15 (1): 72 – 87.

[14] Baysinger, B. D., Kosnik, R. D., & Turk, T. A. Effects of board and ownership structure on corporate R&D strategy [J]. Academy of management journal, 1991, 34 (1): 205 – 214.

[15] Beatty, R. P., & Zajac, E. J. Managerial incentives, monitoring, and risk bearing: a study of executive compensation, ownership, and board structure in initial public offerings [J]. Administrative science quarterly, 1994, 39 (2): 313 – 335.

[16] Beckman, C. M. The influence of founding team company affiliations on firm behavior [J]. Academy of management journal, 2006, 49 (4): 741 – 758.

[17] Bell, G., Filatotchev, I., & Aguilera, R. V. Corporate governance and investors' perceptions of foreign IPO value: an institutional perspective [J]. Academy of management journal, 2014, 57 (1): 301 – 320.

[18] Benner, M. J., & Tushman, M. L. Process management and technological innovation: a longitudinal study of the photography and paint industries [J]. Administrative science quarterly, 2002, 47 (4): 676 – 707.

[19] Benner, M. J., & Tushman, M. L. Exploitation, exploration, and process management: the productivity dilemma revisited [J]. Academy of

management review, 2003, 28 (2): 238 -256.

[20] Berg, B. L. Qualitative research methods for the social sciences (fourth edition) [M]. Boston MA: Allyn &Bacon, 2001.

[21] Bierly, P. E. Ⅲ, & Daly, P. S. Alternative knowledge strategies, competitive environment, and organizational performance in small manufacturing firms [J]. Entrepreneurship: theory and practice, 2007, 31 (4): 493 - 516.

[22] Bierly, P. E. Ⅲ, Damanpour, F., & Santoro, M. D. The application of external knowledge: organizational conditions for exploration and exploitation [J]. Journal of management studies, 2009, 46 (3): 481 -509.

[23] Blair, M. M. Ownership and Control: rethinking corporate governance for the twenty - first century [M]. Washington D. C. : The Brookings Institution Press, 1995.

[24] Blau, P. M. A formal theory of differentiation in organizations [J]. American sociological review, 1970, 35 (2): 201 -218.

[25] Blazhenkova, O., & Kozhevnikov, M. The new object - spatial - verbal cognitive style model: theory and measurement [J]. Applied cognitive psychology, 2009, 23 (5): 638 -663.

[26] Boumgarden, P., Nickerson, J., & Zenger, T. R. Sailing into the wind: exploring the relationships among ambidexterity, vacillation, and organizational performance [J]. Strategic management journal, 2012, 33 (6): 587 - 610.

[27] Boyd, B. K. Board control and CEO compensation [J]. Strategic management journal, 1994, 15 (5): 335 -344.

[28] Brady, T., & Davies, A. Building project capabilities: from exploratory to exploitative learning [J]. Organization studies, 2004, 25 (9): 1601 -1621.

[29] Brown, S. L., & Eisenhardt, K. M. The art of continuous change: linking complexity theory and time - paced evolution in relentlessly shifting organizations [J]. Administrative science quarterly, 1997, 42 (1): 1 -34.

[30] Bryce, D. J., Dyer, J. H., & Furr, N. R. Leaping to new markets: the performance consequences of core strategic change [R]. Philadel-

phia: Paper presented at the annual meetings of the academy of management, 2007.

[31] Bueschgens, T., Bausch, A., & Balkin, D. B. Organizational culture and climate: an integrative review [R]. Canada: Paper presented at the annual meetings of the academy of management, 2010.

[32] Burgelman, R. A. Managing the new venture division: research findings and implications for strategic management [J]. Strategic management journal, 1985, 6 (1): 39 -54.

[33] Burgelman, R. A. Intraorganizational ecology of strategy making and organizational adaptation: theory and field research [J]. Organization science, 1991, 2 (3): 239 -262.

[34] Burgelman, R. A. Strategy as vector and the inertia of coevolutionary lock - in [J]. Administrative science quarterly, 2002, 47 (2): 325 - 357.

[35] Burgelman, R. A., & Välikangas, L. Managing internal corporate venturing cycles [J]. MIT Sloan management review, 2005, 46 (4): 26 - 34.

[36] Burgers, J. H., & Covin, J. G. The contingent effects of differentiation and integration on corporate entrepreneurship [J]. Strategic management journal, 2016, 37 (3): 521 -540.

[37] Burgers, J. H., Jansen, J. J. P., Van den Bosch, F. A. J., et al. Structural differentiation and corporate venturing: the moderating role of formal and informal integration mechanisms [J]. Journal of business venturing, 2009, 24 (3): 206 -220.

[38] Burns, T., & Stalker G. M. The management of innovation [M]. London: Tavistock, 1961.

[39] Burton, M. D., O'Reilly, C. A. & Bidwell, M. Management systems for exploration and exploitation: the micro - foundations of organizational ambidexterity [R]. Boston: Paper presented at the annual meetings of the academy of management, 2012.

[40] Bushee, B. J., Carter, M. E., & Gerakos, J. Institutional investor preferences for corporate governance mechanisms [J]. Journal of manage-

ment accounting research, 2014, 26 (2): 123 - 149.

[41] Cao, Q., Gedajlovic, E., & Zhang, H. Unpacking organizational ambidexterity: dimensions, contingencies, and synergistic effects [J]. Organization science, 2009, 20 (4): 781 - 796.

[42] Cao, Q., Simsek, Z., & Zhang, H. Modelling the joint impact of the CEO and the TMT on organizational ambidexterity [J]. Journal of management studies, 2010, 47 (7): 1272 - 1296.

[43] Carlsson, B. Flexibility and the theory of the firm [J]. International journal of industrial organization, 1989, 7 (2): 179 - 203.

[44] Carmeli, A., & Halevi, M. Y. How top management team behavioral integration and behavioral complexity enable organizational ambidexterity: the moderating role of contextual ambidexterity [J]. The leadership quarterly, 2009, 20 (2): 207 - 218.

[45] Caspin - Wagner, K., Ellis, S., & Tishler, A. Balancing exploration and exploitation for firm's superior performance: the role of the environment [R]. Boston: Paper presented at the annual meetings of the academy of management, 2012.

[46] Chandler, A. The visible hand [M]. Cambridge, MA: Harvard University Press, 1977.

[47] Chandrasekaran, A., Linderman, K., & Schroeder, R. G. Antecedents to ambidexterity competency in high technology organizations [J]. Journal of operations management, 2012, 30 (1 - 2): 134 - 151.

[48] Chatman, J. A., Caldwell, D. F., O'Reilly C. A., et al. Organizational culture and performance in high technology firms: the effect of culture content and strength [R]. Berkeley, CA: Haas School of Business, 2013.

[49] Chen, E. L., & Katila, R. Rival interpretations of balancing exploration and exploitation: simultaneous or sequential? [M] //Shane, Scott (ed.) Handbook of Technology and Innovation Management. New York: Wiley, 2008: 197 - 214.

[50] Child, J. Organization: a guide to problems and practice [M]. London Sage Publiations, 1984.

[51] Christensen, C. M. The innovator's dilemma [M]. Boston, MA:

Harvard Business School Press, 1997.

[52] Christensen, C. M., & Bower, J. L. Customer power, strategic investment, and the failure of leading firms [J]. Strategic management journal, 1996, 17 (3): 197-218.

[53] Claessens, S., & Yurtoglu, B. B. Corporate governance in emerging markets: a survey [J]. Emerging markets review, 2013, 15: 1-33.

[54] Cohen, W. M., & Levinthal, D. A. Absorptive capacity: a new perspective on learning and innovation [J]. Administrative science quarterly, 1990, 35 (1): 128-152.

[55] Coles, J. W., McWilliams, V. B., & Sen, N. An examination of the relationship of governance mechanisms to performance [J]. Journal of management, 2001, 27 (1): 23-50.

[56] Core, J. E., Holthausen, R. W., & Larcker, D. F. Corporate governance, chief executive officer compensation, and firm performance [J]. Journal of financial economics, 1999, 51 (3): 371-406.

[57] Cottrell, T., & Nault, B. R. Product variety and firm survival in the microcomputer software industry [J]. Strategic management journal, 2004, 25 (10): 1005-1025.

[58] Cubbin, J., & Leech, D. The effect of shareholding dispersion on the degree of control in British companies: theory and measurement [J]. The economic journal, 1983, 93 (370): 351-369.

[59] Danneels, E. The dynamics of product innovation and firm competences [J]. Strategic management journal, 2002, 23 (12): 1095-1121.

[60] Danneels, E. Trying to become a different type of company: dynamic capability at Smith Corona [J]. Strategic management journal, 2011, 32 (1): 1-31.

[61] Danneels, E., Provera, B., & Verona, G. De-institutionalizing organizational competence: olivetti's transition from mechanical to electronic technology [R]. Milan: Management Department, Bocconi University, 2013.

[62] Das, P. The role of corporate governance in foreign investments [J]. Applied financial economics, 2014, 24 (3): 187-201.

[63] Davis, J. H., Schoorman, F. D., & Donaldson, L. Toward a

stewardship theory of management [J]. Academy of management review, 1997, 22 (1): 20 -47.

[64] Davis, J. P., Eisenhardt, K. M., & Bingham, C. B. Optimal structure, market dynamism, and the strategy of simple rules [J]. Administrative science quarterly, 2009, 54 (3): 413 -452.

[65] Dayton, K. N. Corporate governance: the other side of the coin [J]. Harvard business review, 1984, 62 (1): 34 -37.

[66] De Clercq, D., Thongpapanl, N., & Dimov, D. Contextual ambidexterity in SMEs: the roles of internal and external rivalry [J]. Small business economics, 2014, 42 (1): 191 -205.

[67] Demsetz, H., & Villalonga, B. Ownership structure and corporate performance [J]. Journal of corporate finance, 2001, 7 (3): 209 -233.

[68] Dewar, R. D., & Dutton, J. E. The adoption of radical and incremental innovations: an empirical analysis [J]. Management science, 1986, 32 (11): 1422 -1433.

[69] Dewar, R., & Hage, J. Size, technology, complexity, and structural differentiation: toward a theoretical synthesis [J]. Administrative science quarterly, 1978, 23 (1): 111 -136.

[70] Donoher, W. J., Reed, R., & Storrud - Barnes, S. F. Incentive alignment, control, and the issue of misleading financial disclosures [J]. Journal of management, 2007, 33 (4): 547 -569.

[71] Duncan, R. B. The ambidextrous organization: designing dual structures for innovation. In the management of organization design [J]. 1976: 167 -188.

[72] Ebben, J. J., & Johnson, A. C. Efficiency, flexibility, or both? Evidence linking strategy to performance in small firms [J]. Strategic management journal, 2005, 26 (13): 1249 -1259.

[73] Eisenhardt, K. M. Agency theory: an assessment and review [J]. Academy of management review, 1989, 14 (1): 57 -74.

[74] Eisenhardt, K. M. Building theories from case study research [J]. Academy of management review, 1989, 14 (4): 532 -550.

[75] Elsenhardt, K. M., & Martin, J. A. Dynamic capabilities: what

are they? [J]. Strategic management journal, 2000, 21 (10 - 11): 1105 - 1121.

[76] Eisenhardt, K. M., & Tabrizi, B. N. Accelerating adaptive processes: product innovation in the global computer industry [J]. Administrative science quarterly, 1995, 40 (1): 84 - 110.

[77] Eriksson, P. E. Exploration and exploitation in project - based organizations: development and diffusion of knowledge at different organizational levels in construction companies [J]. International journal of project management, 2013, 31 (3): 333 - 341.

[78] Fama, E. F. Agency problems and the theory of the firm [J]. Journal of political economy, 1980, 88 (2): 288 - 307.

[79] Fama, E. F., & Jensen, M. C. Separation of ownership and control [J]. Journal of law and economics, 1983, 26 (2): 301 - 325.

[80] Fang, C., Lee, J., & Schilling, M. A. Balancing exploration and exploitation through structural design: the isolation of subgroups and organizational learning [J]. Organization science, 2010, 21 (3): 625 - 642.

[81] Finkelstein, S., & Hambrick, D. C. Chief executive compensation: a synthesis and reconciliation [J]. Strategic management journal, 1988, 9 (6): 543 - 558.

[82] Finkelstein, S., & Hambrick, D. C. Top - management - team tenure and organizational outcomes: the moderating role of managerial discretion [J]. Administrative science quarterly, 1990, 35 (3): 484 - 503.

[83] Fiol, C. M. Thought worlds colliding: the role of contradiction in corporate innovation processes [J]. Entrepreneurship: theory and practice, 1995, 19 (3): 71 - 90.

[84] Firth, M., Fung, P. M. Y., & Rui, O. M. Firm performance, governance structure, and top management turnover in a transitional economy [J]. Journal of management studies, 2006, 43 (6): 1289 - 1330.

[85] Floyd, S. W., & Lane, P. J. Strategizing throughout the organization: managing role conflict in strategic renewal [J]. Academy of management review, 2000, 25 (1): 154 - 177.

[86] Galunic, D. C., & Eisenhardt, K. M. Architectural innovation

and modular corporate forms [J]. Academy of management journal, 2001, 44 (6): 1229 - 1249.

[87] Garaus, C., Mueller, B., Guettel, W., et al. Balancing, fueling and linking exploration and exploitation: a closer look at the interplay of applied practices in an R&D focused organization [R]. Linz: Johannes Kepler University, 2012.

[88] Gedajlovic, E., Cao, Q., & Zhang, H. Corporate shareholdings and organizational ambidexterity in high - tech SMEs: evidence from a transitional economy [J]. Journal of business venturing, 2012, 27 (6): 652 - 665.

[89] Geerts, A., Blindenbach - Driessen, F., & Gemmel, P. Achieving a balance between exploration and exploitation in service firms: a longitudinal study [R]. Canada: Paper presented at the annual meetings of the academy of management, 2010.

[90] George, S. S., & Regani S. Xerox PARC: innovation without profit? [R]. Hyderabad: ECCH Case Study 305 - 053 - 1, ICFAI Center for Management Research, 2005.

[91] Ghemawat, P., & Ricart Costa, J. E. The organizational tension between static and dynamic efficiency [J]. Strategic management journal, 1993, 14 (S2): 59 - 73.

[92] Gibson, C. A. B., & Birkinshaw, J. The antecedents, consequences, and mediating role of organizational ambidexterity [J]. Academy of management journal, 2004, 47 (2): 209 - 226.

[93] Gilbert, C. G. Unbundling the structure of inertia: resource versus routine rigidity [J]. Academy of management journal, 2005, 48 (5): 741 - 763.

[94] Gilbert, C. G. Change in the presence of residual fit: can competing frames coexist? [J]. Organization science, 2006, 17 (1): 150 - 167.

[95] Golden, B. R., & Ma, H. Mutual forbearance: the role of intrafirm integration and rewards [J]. Academy of management review, 2003, 28 (3): 479 - 493.

[96] Gomez - Mejia, L. R., Tosi, H. L., & Hinkin, T. J. Managerial

control, performance, and executive compensation [J]. Academy of management journal, 1987, 30 (1): 51 -70.

[97] Goosen, M. C., Bazzazian, N., & Phelps, C. Consistently capricious: the performance effects of simultaneous and sequential ambidexterity [R]. Boston: Paper presented at the annual meetings of the academy of management, 2012.

[98] Graves S. B. Institutional ownership and corporate R&D in the computer industry [J]. Academy of management journal, 1988, 31 (2): 417 - 428.

[99] Groysberg, B., & Lee, L. Hiring stars and their colleagues: exploration and exploitation in professional service firms [J]. Organization science, 2009, 20 (4): 740 -758.

[100] Gulati, R., & Puranam, P. Renewal through reorganization: the value of inconsistencies between formal and informal organization [J]. Organization science, 2009, 20 (2): 422 -440.

[101] Gupta, A. K., Smith, K. G., & Shalley, C. E. The interplay between exploration and exploitation [J]. Academy of management journal, 2006, 49 (4): 693 -706.

[102] Hall R. H. Organizations: structure and process [M]. Englewood - Cliffs: Prentice - Hall, 1977.

[103] Hambrick, D. C. Fragmentation and the other problems CEOs have with their top management teams [J]. California management review, 1995, 37 (3): 110 -127.

[104] Han, M., & Celly, N. Strategic ambidexterity and performance in international new ventures [J]. Academy of management annual meeting froceedings, 2007 (1): 1 -6.

[105] Haniffa, R., & Hudaib, M. Corporate governance structure and performance of Malaysian listed companies [J]. Journal of business finance & accounting, 2006, 33 (7 -8): 1034 -1062.

[106] Hannan, M. T., & Freeman, J. Organizational ecology [M]. Cambridge, MA: Harvard University Press, 1989.

[107] Hannan, M. T., & Freeman, J. The population ecology of organi-

zations [J]. American journal of sociology, 1997, 82 (5): 929 -964.

[108] Hargadon, A., & Sutton, R. I. Technology brokering and innovation in a product development firm [J]. Administrative science quarterly, 1997, 42 (4): 716 -749.

[109] Harreld, J. B., O'Reilly, C. A., & Tushman, M. L. Dynamic capabilities at IBM: driving strategy into action [J]. California management review, 2007, 49 (4): 21 -43.

[110] He, J., & Wang, H. C. Innovative knowledge assets and economic performance: the asymmetric roles of incentives and monitoring [J]. Academy of management journal, 2009, 52 (5): 919 -938.

[111] He, Z. L., & Wong, P. K. Exploration vs. exploitation: an empirical test of the ambidexterity hypothesis [J]. Organization science, 2004, 15 (4): 481 -494.

[112] Heavey, C., & Simsek, Z. Distributed cognition in top management teams and organizational ambidexterity: the influence of transactive memory systems [J]. Journal of management, 2017, 43 (3): 919 -943.

[113] Hegarty, M., & Kozhevnikov, M. Types of visual-spatial representations and mathematical problem solving [J]. Journal of educational psychology, 1999, 91 (4): 684 -689.

[114] Hensmans, M., & Johnson, G. Can history be a dynamic capability? Traditions of imprinted dynamic capabilities of transformation [R]. Philadelphia: Paper presented at the annual meetings of the academy of management, 2007.

[115] Hill, C. W. L., & Phan, P. H. CEO tenure as a determinant of CEO pay [J]. Academy of management journal, 1991, 34 (3): 707 -717.

[116] Hill, C. W. L., & Snell, S. A. External control, corporate strategy, and firm performance in research-intensive industries [J]. Strategic management journal, 1988, 9 (6): 577 -590.

[117] Hill, C. W. L., & Snell, S. A. Effects of ownership structure and control on corporate productivity [J]. Academy of management journal, 1989, 32 (1): 25 -46.

[118] Hill, S. A., & Birkinshaw, J. Ambidexterity and survival in cor-

porate venture units [J]. Journal of management, 2014, 40 (7): 1899 - 1931.

[119] Holmqvist, M. Experiential learning processes of exploitation and exploration within and between organizations: an empirical study of product development [J]. Organization science, 2004, 15 (1): 70 - 81.

[120] Hölmstrom, B. Moral hazard and observability [J]. The bell journal of economics, 1979, 10 (1): 74 - 91.

[121] Hoskisson, R. E., Castleton, M. W., & Withers, M. C. Complementarity in monitoring and bonding: more intense monitoring leads to higher executive compensation [J]. Academy of management perspectives, 2009, 23 (2): 57 - 74.

[122] Hoskisson, R. E., Hitt, M. A., & Hill, C. W. L. Managerial incentives and investment in R&D in large multiproduct firms [J]. Organization science, 1993, 4 (2): 325 - 341.

[123] House, C., & Price, R. The HP phenomenon: innovation and business transformation [M]. California: Stanford University Press, 2009.

[124] Im, G., & Rai, A. Knowledge sharing ambidexterity in long - term interorganizational relationships [J]. Management science, 2008, 54 (7): 1281 - 1296.

[125] Jansen, J. J. P., Andriopoulous, C., & Tushman, M. Organizing for ambidexterity: founding, developing and revitalizing dynamic capabilities over time [R]. Rotterdam: Erasmus University, 2013.

[126] Jansen, J. J. P., George, G., Van den Bosch, F. A. J., et al. Senior team attributes and organizational ambidexterity: the moderating role of transformational leadership [J]. Journal of management studies, 2008, 45 (5): 982 - 1007.

[127] Jansen, J. J. P., Simsek, Z., & Cao, Q. Ambidexterity and performance in multiunit contexts: cross - level moderating effects of structural and resource attributes [J]. Strategic management journal, 2012, 33 (11): 1286 - 1303.

[128] Jansen, J. J. P., Tempelaar, M. P., Van den Bosch, F. A. J., et al. Structural differentiation and ambidexterity: the mediating role of integra-

tion mechanisms [J]. Organization science, 2009, 20 (4): 797 - 811.

[129] Jansen, J. J. P., Van Den Bosch, F. A. J., & Volberda, H. W. Managing potential and realized absorptive capacity: how do organizational antecedents matter? [J]. Academy of management journal, 2005, 48 (6): 999 - 1015.

[130] Jansen, J. J. P., Van Den Bosch, F. A. J., & Volberda, H. W. Exploratory innovation, exploitative innovation, and performance: effects of organizational antecedents and environmental moderators [J]. Management science, 2006, 52 (11): 1661 - 1674.

[131] Jansen, J. J. P., Vera, D., & Crossan, M. Strategic leadership for exploration and exploitation: the moderating role of environmental dynamism [J]. The leadership quarterly, 2009, 20 (1): 5 - 18.

[132] Jansen, J. J. P., Volberda, H. W., & Van Den Bosch, F. A. J. Exploratory innovation, exploitative innovation, and ambidexterity: the impact of environmental and organizational antecedents [J]. Schmalenbach business review, 2005, 57 (4): 351 - 363.

[133] Jarrell G., & Lehn, K. Institutional ownership, tender offers and long - term investment [R]. Washington DC: Office of the Chief Economist, Securities Exchange Commission, 1985.

[134] Jensen, M. C. Organization theory and methodology [J]. The accounting review, 1983, 58 (2): 319 - 339.

[135] Jensen, M. B., & Meckling, W. H. Theory of the firm: managerial behavior, agency costs and ownership Structure [J]. Journal of financial economics, 1976, 3 (4): 305 - 360.

[136] Jensen, M. C., & Murphy, K. J. Performance pay and top - management incentives [J]. Journal of political economy, 1990, 98 (2): 225 - 264.

[137] Joseph, K., & Thevaranjan, A. Monitoring and incentives in sales organizations: an agency - theoretic perspective [J]. Marketing science, 1998, 17 (2): 107 - 123.

[138] Kang, S. C., & Snell, S. A. Intellectual capital architectures and ambidextrous learning: a framework for human resource management [J].

Journal of management studies, 2009, 46 (1): 65 -92.

[139] Katila, R. , & Ahuja, G. Something old, something new: a longitudinal study of search behavior and new product introduction [J]. Academy of management journal, 2002, 45 (6): 1183 -1194.

[140] Kauppila, O. P. Creating ambidexterity by integrating and balancing structurally separate interorganizational partnerships [J]. Strategic organization, 2010, 8 (4): 283 -312.

[141] Khanagha, S. , Volberda, H. W. , & Oshri, I. Business model renewal and ambidexterity: structural alteration and strategy formation process during transition to a Cloud business model [J]. R&D management, 2014, 44 (3): 322 -340.

[142] Khazanchi, S. , Lewis, M. W. , & Boyer, K. K. Innovation - supportive culture: the impact of organizational values on process innovation [J]. Journal of operations management, 2007, 25 (4): 871 -884.

[143] Kosnik, R. D. Greenmail: a study of board performance in corporate governance [J]. Administrative science quarterly, 1987, 32 (2): 163 - 185.

[144] Kosnik, R. D. Effects of board demography and directors' incentives on corporate greenmail decisions [J]. Academy of management journal, 1990, 33 (1): 129 -150.

[145] Kozhevnikov, M. , Hegarty, M. , & Mayer, R. E. Revising the visualizer - verbalizer dimension: Evidence for two types of visualizers [J]. Cognition and instruction, 2002, 20 (1): 47 -77.

[146] Kyriakopoulos, K. , & Moorman, C. Tradeoffs in marketing exploitation and exploration strategies: the overlooked role of market orientation [J]. International journal of research in marketing, 2004, 21 (3): 219 - 240.

[147] Lai, H. , & Weng, C. S. How to manage organizational ambidexterity in the phase of technological discontinuity? [R]. Canada: Paper presented at the annual meetings of the academy of management, 2010.

[148] Laplume, A. O. , & Dass, P. Exploration and exploitation for various stages of firm growth through diversification [R]. Boston: Paper presen-

ted at the annual meetings of the academy of management, 2012.

[149] Lavie, D., Kang, J., & Rosenkopf, L. Balance within and across domains: the performance implications of exploration and exploitation in alliances [J]. Organization science, 2011, 22 (6): 1517 - 1538.

[150] Lavie, D., & Rosenkopf, L. Balancing exploration and exploitation in alliance formation [J]. Academy of management journal, 2006, 49 (4): 797 - 818.

[151] Lavie, D., Stettner, U., & Tushman, M. L. Exploration and exploitation within and across organizations [J]. The academy of management annals, 2010, 4 (1): 109 - 155.

[152] Lawrence, P. R., & Lorsch, J. W. Differentiation and integration in complex organizations [J]. Administrative science quarterly, 1967, 12 (1): 1 - 47.

[153] Lean, G., & Clements, M. K. Spatial ability, visual imagery, and mathematical performance [J]. Educational studies in mathematics, 1981, 12 (3): 267 - 299.

[154] Leavitt, H. J. Some effects of feedback on communication [J]. Human relations, 1951 (4): 401 - 410.

[155] Lee, J., Lee, J., & Lee, H. Exploration and exploitation in the presence of network externalities [J]. Management science, 2003, 49 (4): 553 - 570.

[156] Lee, P. M., & O'neill, H. M. Ownership structures and R&D investments of US and Japanese firms: agency and stewardship perspectives [J]. Academy of management journal, 2003, 46 (2): 212 - 225.

[157] Levinthal, D. A. A survey of agency models of organizations [J]. Journal of economic behavior & organization, 1988, 9 (2): 153 - 185.

[158] Levinthal, D. A. Adaptation on rugged landscapes [J]. Management science, 1997, 43 (7): 934 - 950.

[159] Levinthal, D. A., & March, J. G. The myopia of learning [J]. Strategic management journal, 1993, 14 (S2): 95 - 112.

[160] Von Lilienfeld - Toal, U., & Ruenzi, S. CEO ownership, stock market performance, and managerial discretion [J]. The journal of finance,

2014, 69 (3): 1013 - 1050.

[161] Lin, H. E., McDonough, E. F., Lin, S. J., et al. Managing the exploitation/exploration paradox: the role of a learning capability and innovation ambidexterity [J]. Journal of product innovation management, 2013, 30 (2): 262 - 278.

[162] Lin, Z., Yang, H., & Demirkan, I. The performance consequences of ambidexterity in strategic alliance formations: empirical investigation and computational theorizing [J]. Management science, 2007, 53 (10): 1645 - 1658.

[163] Lorsch, J. W., & Maclver, E. Pawns or potentates: the reality of America's corporate boards [M]. Harvard Business School Press, 1989.

[164] Lovas, B., & Ghoshal, S. Strategy as guided evolution [J]. Strategic management journal, 2000, 21 (9): 875 - 896.

[165] Lubatkin, M. H., Simsek, Z., Ling, Y., et al. Ambidexterity and performance in small - to medium - sized firms: the pivotal role of top management team behavioral integration [J]. Journal of management, 2006, 32 (5): 646 - 672.

[166] March, J. G. Exploration and exploitation in organizational learning [J]. Organization science, 1991, 2 (1): 71 - 87.

[167] Markides, C., & Charitou, C. D. Competing with dual business models: a contingency approach [J]. The academy of management executive, 2004, 18 (3): 22 - 36.

[168] Martin, J. A., & Eisenhardt, K. M. Rewiring: cross - business - unit collaborations in multibusiness organizations [J]. Academy of management journal, 2010, 53 (2): 265 - 301.

[169] Masini, A., Zollo, M., & Wassenhove, L. V. Understanding exploration and exploitation in changing operating routines: the influence of industry and organizational traits [R]. London: Operations and technology management working paper OTM, 2004.

[170] Mayer, C. Corporate governance in market and transition economics [R]. Shanghai: For Presentation at the International Conference on Chinese Corporate, 1995.

[171] McGill, M. E., Slocum, J. W., & Lei, D. Management practices in learning organizations [J]. Organizational dynamics, 1992, 21 (1): 5-17.

[172] McGrath, R. G. Exploratory learning, innovative capacity, and managerial oversight [J]. Academy of management journal, 2001, 44 (1): 118-131.

[173] Messick, S. Individuality in learning [M]. Oxford: Jossey-Bass, 1976.

[174] Milgrom, P., & Roberts, J. Economics, organizations, and management [M]. Englewood-Cliffs: Prentice-Hall, 1992.

[175] Mintzberg, H. The structuring of organizations [M]. Englewood-Cliffs: Prentice-Hall, 1979.

[176] Mitchell, W., & Singh, K. Death of the lethargic: effects of expansion into new technical subfields on performance in a firm's base business [J]. Organization science, 1993, 4 (2): 152-180.

[177] Mom, T. J. M., Fourne, S. P. L., & Jansen, J. J. P. Manager ambidexterity and performance: effects of experience antecedents and work context moderators [R]. Academy of management annual meeting proceedings, 2013.

[178] Mom, T. J. M., Van Den Bosch, F. A. J., & Volberda, H. W. Investigating managers' exploration and exploitation activities: the influence of top-down, bottom-up, and horizontal knowledge inflows [J]. Journal of management studies, 2007, 44 (6): 910-931.

[179] Mom, T. J. M., Van Den Bosch, F. A. J., & Volberda, H. W. Understanding variation in managers' ambidexterity: investigating direct and interaction effects of formal structural and personal coordination mechanisms [J]. Organization science, 2009, 20 (4): 812-828.

[180] Monks R. A. G., & Minow N. Corporate Governance [M]. Oxford: Blackwell Publishing, 1995.

[181] Morck, R., Shleifer, A., & Vishny, R. W. Management ownership and market valuation: an empirical analysis [J]. Journal of financial economics, 1988, 20 (1-2): 293-315.

[182] Mueller, V., Rosenbusch, N., & Bausch, A. Success patterns of exploratory and exploitative innovation: a meta – analysis of the influence of institutional factors [J]. Journal of management, 2013, 39 (6): 1606 – 1636.

[183] Narayanan, M. P. Managerial incentives for short – term results [J]. The journal of finance, 1985, 40 (5): 1469 – 1484.

[184] Nemanich, L. A., & Vera, D. Transformational leadership and ambidexterity in the context of an acquisition [J]. The leadership quarterly, 2009, 20 (1): 19 – 33.

[185] Nerkar, A. Old is gold? The value of temporal exploration in the creation of new knowledge [J]. Management science, 2003, 49 (2): 211 – 229.

[186] Nickerson, J. A., & Zenger, T. R. Being efficiently fickle: a dynamic theory of organizational choice [J]. Organization science, 2002, 13 (5): 547 – 566.

[187] Nielsen, B. B., & Gudergan, S. Exploration and exploitation fit and performance in international strategic alliances [J]. International business review, 2012, 21 (4): 558 – 574.

[188] Nobeoka, K., & Cusumano, M. A. Multiproject strategy and sales growth: the benefits of rapid design transfer in new product development [J]. Strategic management journal, 1997, 18 (3): 169 – 186.

[189] Nosella, A., Cantarello, S., & Filippini, R. The intellectual structure of organizational ambidexterity: a bibliographic investigation into the state of the art [J]. Strategic organization, 2012, 10 (4): 450 – 465.

[190] Nouri, R., Erez, M., Rockstuhl, T., et al. Taking the bite out of culture: the impact of task structure and task type on overcoming impediments to cross – cultural team performance [J]. Journal of organizational behavior, 2013, 34 (6): 739 – 763.

[191] O'Reilly Ⅲ, C. A., Harreld, J. B., & Tushman, M. L. Organizational ambidexterity: IBM and emerging business opportunities [J]. California management review, 2009, 51 (4): 75 – 99.

[192] O'Reilly Ⅲ, C. A., & Tushman, M. L. Ambidextrous organizations: managing evolutionary and revolutionary change [J]. California manage-

ment review, 1996, 38 (4): 8 - 30.

[193] O'Reilly Ⅲ, C. A., & Tushman, M. L. Winning through innovation: a practical guide to leading organizational change and renewal [M]. Boston, MA: Harvard Business School Press, 2002.

[194] O'Reilly Ⅲ, C. A., & Tushman, M. L. The ambidextrous organization [J]. Harvard business review, 2004, 82 (4): 74 - 81, 140.

[195] O'Reilly Ⅲ, C. A., & Tushman, M. L. Ambidexterity as a dynamic capability: resolving the innovator's dilemma [J]. Research in organizational behavior, 2008, 28: 185 - 206.

[196] O'Reilly Ⅲ, C. A., & Tushman, M. L. Organizational ambidexterity in action: how managers explore and exploit [J]. California management review, 2011, 53 (4): 5 - 22.

[197] O'Reilly Ⅲ, C. A., & Tushman, M. L. Organizational ambidexterity: past, present and future [J]. The academy of management perspectives, 2013, 27 (4): 324 - 338.

[198] Orton, J. D., & Weick, K. E. Loosely coupled systems: a reconceptualization [J]. Academy of management review, 1990, 15 (2): 203 - 223.

[199] Park, S. H., Chen, R. R., & Gallagher, S. Firm resources as moderators of the relationship between market growth and strategic alliances in semiconductor start - ups [J]. Academy of management journal, 2002, 45 (3): 527 - 545.

[200] Patel, P. C., Messersmith, J. G., & Lepak, D. P. Walking the tightrope: an assessment of the relationship between high - performance work systems and organizational ambidexterity [J]. Academy of management journal, 2013, 56 (5): 1420 - 1442.

[201] Patton, M. Q. Qualitative research and evaluation method [M]. Thousand Oaks: Sage Publications, 2002.

[202] Phene, A., Tallman, S., & Almeida, P. When do acquisitions facilitate technological exploration and exploitation? [J]. Journal of management, 2012, 38 (3): 753 - 783.

[203] Piao, M. Thriving in the new: implication of exploration on organ-

izational longevity [J]. Journal of management, 2010, 36 (6): 1529 - 1554.

[204] Porter, M. E. Competitive strategy [M]. New York: Free Press, 1980.

[205] Porter, M. E. What is strategy? [J]. Harvard business review, 1996, 74 (6): 61 - 81.

[206] Pratt, J. W., Zeckhauser, R., & Arrow, K. J. Principals and agents: the structure of business [M]. Cambridge, MA: Harvard Business School Press, 1985.

[207] Puranam, P., Singh, H., & Zollo, M. Organizing for innovation: managing the coordination - autonomy dilemma in technology acquisitions [J]. Academy of management journal, 2006, 49 (2): 263 - 280.

[208] Raisch, S. Balanced structures: designing organizations for profitable growth [J]. Long range planning, 2008, 41 (5): 483 - 508.

[209] Raisch, S., & Birkinshaw, J. Organizational ambidexterity: antecedents, outcomes, and moderators [J]. Journal of management, 2008, 34 (3): 375 - 409.

[210] Raisch, S., Birkinshaw, J., Probst, G., et al. Organizational ambidexterity: balancing exploitation and exploration for sustained performance [J]. Organization science, 2009, 20 (4): 685 - 695.

[211] Ramachandran, I., & Lengnick - Hall, C. A. Multidimensional and dynamic ambidexterity configurations: rethinking the question of balance [R]. Canada: Paper presented at the annual meetings of the academy of management, 2010.

[212] Rediker, K. J., & Seth, A. Boards of directors and substitution effects of alternative governance mechanisms [J]. Strategic management journal, 1995, 16 (2): 85 - 99.

[213] Rindova, V. P., & Kotha, S. Continuous "morphing": competing through dynamic capabilities, form, and function [J]. Academy of management journal, 2001, 44 (6): 1263 - 1280.

[214] Rivkin, J. W., & Siggelkow, N. Balancing search and stability: interdependencies among elements of organizational design [J]. Management science, 2003, 49 (3): 290 - 311.

[215] Robbins, S. P. Organizational behavior: concepts, controversies, applications [M]. Englewood - Cliffs: Prentice - Hall, 1996.

[216] Robert, C., & Cheung, Y. H. An examination of the relationship between conscientiousness and group performance on a creative task [J]. Journal of research in personality, 2010, 44 (2): 222 - 231.

[217] Rogan, M., & Mors, M. L. A Network perspective on individual - level ambidexterity in organizations [J]. Organization science, 2014, 25 (6): 1860 - 1877.

[218] Rosenbloom, R. S. Leadership, capabilities, and technological change: the transformation of NCR in the electronic era [J]. Strategic management journal, 2000, 21 (10 - 11): 1083 - 1103.

[219] Rosenkopf, L., & Nerkar, A. Beyond local search: boundary - spanning, exploration, and impact in the optical disk industry [J]. Strategic management journal, 2001, 22 (4): 287 - 306.

[220] Rothaermel, F. T., & Alexandre, M. T. Ambidexterity in technology sourcing: the moderating role of absorptive capacity [J]. Organization science, 2009, 20 (4): 759 - 780.

[221] Rothaermel, F. T., & Deeds, D. L. Exploration and exploitation alliances in biotechnology: a system of new product development [J]. Strategic management journal, 2004, 25 (3): 201 - 221.

[222] Rutherford, M. A., Buchholtz, A. K., & Brown, J. A. Examining the relationships between monitoring and incentives in corporate governance [J]. Journal of management studies, 2007, 44 (3): 414 - 430.

[223] Salvador, F., Chandrasekaran, A., & Sohail, T. Product configuration, ambidexterity and firm performance in the context of industrial equipment manufacturing [J]. Journal of operations management, 2014, 32 (4): 138 - 153.

[224] Sarkees, M., & Hulland, J. Innovation and efficiency: it is possible to have it all [J]. Business horizons, 2009, 52 (1): 45 - 55.

[225] Scarbrough, H., Swan, J., Laurent, S., et al. Project - based learning and the role of learning boundaries [J]. Organization studies, 2004, 25 (9): 1579 - 1600.

[226] Schepker, D. J. , & Oh, W. Y. Complementary or substitutive effects? Corporate governance mechanisms and poison pill repeal [J]. Journal of management, 2013, 39 (7): 1729 - 1759.

[227] Schulze, P. , Heinemann, F. , & Abedin, A. Balancing exploitation and exploration: organizational antecedents and performance effects of ambidexterity [R]. Academy of management annual meeting proceedings, 2008.

[228] Schumpeter, J. A. The theory of economic development [M]. Cambridge, MA: Harvard University Press, 1934.

[229] Shavell, S. Risk sharing and incentives in the principal and agent relationship [J]. The bell journal of economics, 1979, 10 (1): 55 - 73.

[230] Sidhu, J. S. , Commandeur, H. R. , & Volberda, H. W. The multifaceted nature of exploration and exploitation: value of supply, demand, and spatial search for innovation [J]. Organization science, 2007, 18 (1): 20 - 38.

[231] Sidhu, J. S. , Volberda, H. W. , & Commandeur, H. R. Exploring exploration orientation and its determinants: some empirical evidence [J]. Journal of management studies, 2004, 41 (6): 913 - 932.

[232] Siggelkow, N. , & Levinthal, D. A. Temporarily divide to conquer: centralized, decentralized, and reintegrated organizational approaches to exploration and adaptation [J]. Organization science, 2003, 14 (6): 650 - 669.

[233] Siggelkow, N. , & Levinthal, D. A. Escaping real (non - benign) competency traps: linking the dynamics of organizational structure to the dynamics of search [J]. Strategic organization, 2005, 3 (1): 85 - 115.

[234] Siggelkow, N. , & Rivkin, J. W. Speed and search: designing organizations for turbulence and complexity [J]. Organization science, 2005, 16 (2): 101 - 122.

[235] Simsek, Z. , Heavey, C. B. , Veiga, J. F. , et al. A typology for aligning organizational ambidexterity's conceptualizations, antecedents, and outcomes [J]. Journal of management studies, 2009, 46 (5): 864 - 894.

[236] Simsek, Z. , Veiga, J. F. , Lubatkin, M. H. , et al. Modeling the multilevel determinants of top management team behavioral integration [J].

Academy of management journal, 2005, 48 (1): 69 - 84.

[237] Sine, W. D., Mitsuhashi, H., & Kirsch, D. A. Revisiting burns and stalker: formal structure and new venture performance in emerging economic sectors [J]. Academy of management journal, 2006, 49 (1): 121 - 132.

[238] Singh, N. Monitoring and hierarchies: the marginal value of information in a principal - agent model [J]. The journal of political economy, 1985, 93 (3): 599 - 609.

[239] Sirmon, D. G., Hitt, M. A., & Ireland, R. D. Managing firm resources in dynamic environments to create value: looking inside the black box [J]. Academy of management review, 2007, 32 (1): 273 - 292.

[240] Smith, W. K., & Tushman, M. L. Managing strategic contradictions: a top management model for managing innovation streams [J]. Organization science, 2005, 16 (5): 522 - 536.

[241] Smith, W. K., Binns, A., & Tushman, M. L. Complex business models: managing strategic paradoxes simultaneously [J]. Long range planning, 2010, 43 (2): 448 - 461.

[242] Stettner, U., & Lavie, D. Ambidexterity under scrutiny: exploration and exploitation via internal organization, alliances, and acquisitions [J]. Strategic management journal, 2014, 35 (13): 1903 - 1929.

[243] Sundaramurthy, C., Mahoney, J. M., & Mahoney, J. T. Board structure, antitakeover provisions, and stockholder wealth [J]. Strategic management journal, 1997, 18 (3): 231 - 245.

[244] Taylor, A., & Helfat, C. E. Organizational linkages for surviving technological change: complementary assets, middle management, and ambidexterity [J]. Organization science, 2009, 20 (4): 718 - 739.

[245] Teece, D. J. Explicating dynamic capabilities: the nature and microfoundations of (sustainable) enterprise performance [J]. Strategic management journal, 2007, 28 (13): 1319 - 1350.

[246] Tellis, W. M. Introduction to case study [J]. The qualitative report, 1997, 3 (2): 1 - 14.

[247] Tempelaar, M. P., & Van De Vrande, V. Dynamism, munificence, internal and external exploration - exploitation and their performance

effects [R]. Boston: Paper presented at the annual meetings of the academy of management, 2012.

[248] Tiwana, A. Do bridging ties complement strong ties? An empirical examination of alliance ambidexterity [J]. Strategic management journal, 2008, 29 (3): 251 - 272.

[249] Tosi, H. L., & Gomez - Mejia, L. R. The decoupling of CEO pay and performance: an agency theory perspective [J]. Administrative science quarterly, 1989, 34 (2): 169 - 189.

[250] Tosi, H. L., Katz, J. P., & Gomez - Mejia, L. R. Disaggregating the agency contract: the effects of monitoring, incentive alignment, and term in office on agent decision making [J]. Academy of management journal, 1997, 40 (3): 584 - 602.

[251] Tricker R. I. International corporate governance: text, readings and cases [M]. Englewood - Cliffs: Prentice - Hall, 1994.

[252] Tripsas, M. Surviving radical technological change through dynamic capability: evidence from the typesetter industry [J]. Industrial and corporate change, 1997, 6 (2): 341 - 377.

[253] Tripsas, M., & Gavetti, G. Capabilities, cognition, and inertia: evidence from digital imaging [J]. Strategic management journal, 2000, 21 (10 - 11): 1147 - 1161.

[254] Turner, N., Swart, J., & Maylor, H. Mechanisms for managing ambidexterity: a review and research agenda [J]. International journal of management reviews, 2013, 15 (3): 317 - 332.

[255] Tushman, M. L., & Anderson, P. Technological discontinuities and organizational environments [J]. Administrative science quarterly, 1986, 31 (3): 439 - 465.

[256] Tushman, M. L., & Romanelli, E. Organizational evolution: a metamorphosis model of convergence and reorientation [J]. Research in organizational behavior, 1985 (7): 171 - 222.

[257] Tushman, M. L., & Smith, W. K. Organizational technology [M]. Malaen, MA: Blackwell, 2002.

[258] Tushman, M. L., Smith, W. K., Wood, R. C., et al. Organi-

zational designs and innovation streams [J]. Industrial and corporate change, 2010, 19 (5): 1331 - 1366.

[259] Uotila, J., Maula, M., Keil, T., et al. Exploration, exploitation, and financial performance: analysis of S&P 500 corporations [J]. Strategic management journal, 2009, 30 (2): 221 - 231.

[260] Van Looy, B., Martens, T., & Debackere, K. Organizing for continuous innovation: on the sustainability of ambidextrous organizations [J]. Creativity and innovation management, 2005, 14 (3): 208 - 221.

[261] Venkatraman, N., Lee, C., & Iyer, B. Strategic ambidexterity and sales growth: a longitudinal test in the software sector [R]. Hawaii: Paper presented at the annual meetings of the academy of management, 2006.

[262] Voss, G. B., & Voss, Z. G. Strategic ambidexterity in small and medium - sized enterprises: implementing exploration and exploitation in product and market domains [J]. Organization science, 2013, 24 (5): 1459 - 1477.

[263] Wang, H., & Li, J. Untangling the effects of overexploration and overexploitation on organizational performance: the moderating role of environmental dynamism [J]. Journal of management, 2008, 34 (5): 925 - 951.

[264] Wegner, D. M., & Bargh, J. A. Control and automaticity in social life [M] //Handbook of Social Psychology, Vol. 1, 4th ed. McGraw - Hill, New York: APA, 1998: 446 - 496.

[265] Wegner, D. M., Erber, R., & Raymond, P. Transactive memory in close relationships [J]. Journal of personality and social psychology, 1991, 61 (6): 923 - 929.

[266] Westerman, G., McFarlan, F. W., & Iansiti, M. Organization design and effectiveness over the innovation life cycle [J]. Organization science, 2006, 17 (2): 230 - 238.

[267] Wiseman, R. M., & Gomez - Mejia, L. R. A behavioral agency model of managerial risk taking [J]. Academy of management review, 1998, 23 (1): 133 - 153.

[268] Witkin, H. A., Moore, C. A., Goodenough, D. R., et al. Field - dependent and field - independent cognitive styles and their educational

implications [J]. Review of educational research, 1977, 47 (1): 1 -64.

[269] Woodward, J. Industrial organization: theory and practice [M]. Oxford: Oxford University Press, 1965.

[270] Yamakawa, Y., Yang, H., & Lin, Z. J. Exploration versus exploitation in alliance portfolio: performance implications of organizational, strategic, and environmental fit [J]. Research policy, 2011, 40 (2): 287 - 296.

[271] Yang, H., & Atuahene - Gima, K. Ambidexterity in product innovation management: the direct and contingent effects on firm performance [R]. Philadelphia: Paper presented at the annual meetings of the academy of management, 2007.

[272] Yermack, D. Higher market valuation of companies with a small board of directors [J]. Journal of financial economics, 1996, 40 (2): 185 - 211.

[273] Yin, R. K. Case study research: design and methods [M]. Beverly Hills: Sage Publications, 1994.

[274] Yu, G. J., & Khessina, O. The role of exploration in firm survival in the worldwide optical library market, 1990 - 1998 [R]. Boston: Paper presented at the annual meetings of the academy of management, 2012.

[275] Zajac, E. J. CEO selection, succession, compensation and firm performance: a theoretical integration and empirical analysis [J]. Strategic management journal, 1990, 11 (3): 217 -230.

[276] Zajac, E. J., & Westphal, J. D. The costs and benefits of managerial incentives and monitoring in large US corporations: when is more not better? [J]. Strategic management journal, 1994, 15 (S1): 121 -142.

[277] Zollo, M., & Winter, S. G. Deliberate learning and the evolution of dynamic capabilities [J]. Organization science, 2002, 13 (3): 339 - 351.

[278] Zott C. Dynamic capabilities and the emergence of intraindustry differential firm performance: insights from a simulation study [J]. Strategic management journal, 2003, 24 (2): 97 -125.

[279] 经济合作与发展组织. OECD 公司治理原则 (2004 年) [M].

北京：中国财政经济出版社，2005.

［280］费方域．什么是公司治理［J］．上海经济研究，1996（5）：36－39.

［281］高明华．公司治理学［M］，北京：中国经济出版社，2009.

［282］焦豪．双元型组织竞争优势的构建路径：基于动态能力理论的实证研究［J］．管理世界，2011（11）：76－91.

［283］李维安等．现代公司治理研究：资本结构、公司治理和国有企业股份制改造［M］．北京：中国人民大学出版社，2002.

［284］刘洋，魏江和应瑛．组织二元性：管理研究的一种新范式［J］．浙江大学学报（人文社会科学版），2011，41（6）：132－142.

［285］Robert K. Yin．案例研究：设计与方法［M］．重庆：重庆大学出版社，2010.

［286］Robert K. Yin．案例研究方法的应用［M］．重庆：重庆大学出版社，2009.

［287］钱颖一．企业的治理结构改革和融资结构改革［J］．经济研究，1995（1）：20－29.

［288］张维迎．产权、激励与公司治理［M］．北京：经济科学出版社，2005.

［289］陈晓萍，徐淑英和樊景立．组织与管理研究的实证方法［M］．北京：北京大学出版社，2008.

附录1 实验研究中的认知风格问卷

物体—空间图像和语言认知风格问卷

亲爱的同学：

您好！欢迎参加本研究，本次研究旨在了解您处理信息时的认知风格偏好。请根据实际情况答题，选项无对错之分。调查结果将仅作学术研究之用，所有信息都会予以严格保密，敬请放心。

第一部分：背景信息

1. 您的性别：○男　　○女
2. 您的年龄：________________
3. 您平时玩电脑游戏平均一周几个小时：______________
4. 您的院系：________________
5. 您的专业：________________
6. 您常用的手机号码：________________
7. 您的姓名：________________
8. 您的支付宝账号：________________

第二部分：

1. 我立体几何学得非常好。

   ○完全不同意　○较不同意　○不确定　○比较同意　○完全同意

2. 我很难用写作来表达自己的意思。

   ○完全不同意　○较不同意　○不确定　○比较同意　○完全同意

3. 如果要我在工程类职业和艺术类职业之间选择的话，我更愿意选工程类职业。

○完全不同意 ○较不同意 ○不确定 ○比较同意 ○完全同意

4. 我的语言能力使我能比较轻松地从事语言艺术方面的事业。

○完全不同意 ○较不同意 ○不确定 ○比较同意 ○完全同意

5. 比起画画，我对建筑更感兴趣。

○完全不同意 ○较不同意 ○不确定 ○比较同意 ○完全同意

6. 我的想象非常多彩和鲜明。

○完全不同意 ○较不同意 ○不确定 ○比较同意 ○完全同意

7. 阅读教科书时，比起彩色的插图，我更喜欢示意图。

○完全不同意 ○较不同意 ○不确定 ○比较同意 ○完全同意

8. 我擅长说笑话和讲故事。

○完全不同意 ○较不同意 ○不确定 ○比较同意 ○完全同意

9. 论文写作对我来说很难，我一点也不喜欢。

○完全不同意 ○较不同意 ○不确定 ○比较同意 ○完全同意

10. 我的想象更像是事情的概要，而不是详细的图片。

○完全不同意 ○较不同意 ○不确定 ○比较同意 ○完全同意

11. 阅读科幻小说时，我通常会在脑中形成一个对所描述的场景或房间的清晰、详细的图画。

○完全不同意 ○较不同意 ○不确定 ○比较同意 ○完全同意

12. 如果要我在工程类职业和艺术类职业之间选择的话，我更愿意选艺术类职业。

○完全不同意 ○较不同意 ○不确定 ○比较同意 ○完全同意

13. 我有一个摄影式记忆。

○完全不同意 ○较不同意 ○不确定 ○比较同意 ○完全同意

14. 我能轻松想象并在脑中旋转三维几何图像。

○完全不同意 ○较不同意 ○不确定 ○比较同意 ○完全同意

15. 我喜欢像现代艺术中的那些色调鲜亮、形状奇特的图画。

○完全不同意 ○较不同意 ○不确定 ○比较同意 ○完全同意

16. 我有非常好的口语表达能力。

○完全不同意 ○较不同意 ○不确定 ○比较同意 ○完全同意

17. 想到建筑时，我会在脑海中形成一个抽象的图解式建筑或它的蓝图，而不是一个特定的具体建筑。

○完全不同意 ○较不同意 ○不确定 ○比较同意 ○完全同意

18. 进入一个熟悉的商店购买某一特定商品时，我能轻松想象该物品的确切位置、所在货架、摆放方式及其周围物品。

○完全不同意 ○较不同意 ○不确定 ○比较同意 ○完全同意

19. 组装家具（例如，电视架或椅子）时，详细的文字说明比图示使我更轻松。

○完全不同意 ○较不同意 ○不确定 ○比较同意 ○完全同意

20. 我的想象十分鲜活生动。

○完全不同意 ○较不同意 ○不确定 ○比较同意 ○完全同意

21. 解释一些事情时，我宁愿使用语言而不是图示。

○完全不同意 ○较不同意 ○不确定 ○比较同意 ○完全同意

22. 如果给我两位数字（例如，43 和 32）相加，我会简单地把它们加起来而不是把它们视觉化。

○完全不同意 ○较不同意 ○不确定 ○比较同意 ○完全同意

23. 我对不同物体的想象与我所见过的该真实物体的大小、形状和颜色相似。

○完全不同意 ○较不同意 ○不确定 ○比较同意 ○完全同意

24. 阅读教科书时，我通常不会试着把其中的图表视觉化。

○完全不同意 ○较不同意 ○不确定 ○比较同意 ○完全同意

25. 我通常不会自发地产生生动的想象；我最多用想象去解决数学问题。

○完全不同意 ○较不同意 ○不确定 ○比较同意 ○完全同意

26. 当我想象一个朋友的脸时，我有一个非常清楚和明确的图像。

○完全不同意 ○较不同意 ○不确定 ○比较同意 ○完全同意

27. 我很擅长工程制图。

○完全不同意 ○较不同意 ○不确定 ○比较同意 ○完全同意

28. 回忆一个场景时，我使用语言描述而不是想象图片。

○完全不同意 ○较不同意 ○不确定 ○比较同意 ○完全同意

29. 我能轻松地回忆很多别人可能没有注意到的细节。例如，我能无意识地记住一些东西，像某人穿的衬衫的颜色或者他/她鞋子的颜色。

○完全不同意 ○较不同意 ○不确定 ○比较同意 ○完全同意

30. 我能很轻松地描绘出一栋我熟悉的建筑的蓝图。

○完全不同意 ○较不同意 ○不确定 ○比较同意 ○完全同意

31. 我学习几何完全没问题。

○完全不同意 ○较不同意 ○不确定 ○比较同意 ○完全同意

32. 我擅长玩用积木和纸进行搭建的游戏（例如，乐高、俄罗斯方块、折纸手工）。

○完全不同意 ○较不同意 ○不确定 ○比较同意 ○完全同意

33. 有时候我的想象生动和持久得让我难以忽略。

○完全不同意 ○较不同意 ○不确定 ○比较同意 ○完全同意

34. 我闭上眼睛，能很轻松地想象出我经历场景的画面。

○完全不同意 ○较不同意 ○不确定 ○比较同意 ○完全同意

35. 我比一般人更流利地使用文字。

○完全不同意 ○较不同意 ○不确定 ○比较同意 ○完全同意

36. 比起用图画，我更喜欢用文字来描述一个物体或人。

○完全不同意 ○较不同意 ○不确定 ○比较同意 ○完全同意

37. 我通常会注意句子的结构。

○完全不同意 ○较不同意 ○不确定 ○比较同意 ○完全同意

38. 我的想象是概要的，而不是多彩的和绘画式的。

○完全不同意 ○较不同意 ○不确定 ○比较同意 ○完全同意

39. 我喜欢用多种方法表达我的想法，无论是文字还是口头。

○完全不同意 ○较不同意 ○不确定 ○比较同意 ○完全同意

40. 我通过视觉化的方式记忆每件事。比起人们说了什么，我更能复述他们在宴会上的穿着，坐的位置和看起来的样子。

○完全不同意 ○较不同意 ○不确定 ○比较同意 ○完全同意

41. 我有时候会很难准确表达我想说的东西。

○完全不同意 ○较不同意 ○不确定 ○比较同意 ○完全同意

42. 我很难想象一个三维的几何图画旋转起来的样子。

○完全不同意 ○较不同意 ○不确定 ○比较同意 ○完全同意

43. 我看到的视觉图像一直在我的脑中挥之不去。

○完全不同意 ○较不同意 ○不确定 ○比较同意 ○完全同意

44. 我的画图能力使我能比较轻松地从事建筑方面的事业。

○完全不同意 ○较不同意 ○不确定 ○比较同意 ○完全同意

45. 当我听到一个从未见过的广播员或流行音乐主持人的声音时，我通常会想象他（或她）可能长什么样。

○完全不同意 ○较不同意 ○不确定 ○比较同意 ○完全同意

附录2　实验说明

大家好：

首先非常感谢大家来参加实验，在开始实验前请大家认真阅读实验说明。实验由2个人在同一台电脑的软件中进行，双人合作（请看讲台屏幕的安排：谁和谁合作以及谁负责走迷宫谁负责点物体），5分钟游戏完成后报告得分。

1. 本实验的目的是为了在规定的时间（5分钟）内得高分，得分由2个部分组成：第一部分是走迷宫，走出迷宫得50分，走不出得0分；第二部分是点击正确物体，点击一个正确物体得5分，点错物体扣2.5分。所以尽量走出迷宫并且点击更多正确物体。总分超过100分的组每人可得小礼品一份。

Tips：不用急着走出迷宫，太早走出迷宫就意味着没机会再点物体加分了；规定时间内没希望走出迷宫了就多点击正确物体。

2. 实验中只有点击咖啡色的六边体会得分，点击其他物体会扣分。

3. 指南针请按M键。入口在东南角，出口在西北角。请注意界面顶部中间的游戏时间。可以前后左右挪动鼠标，以取得最舒适的视角。

4. 字母W、A、S、D的键盘用来走迷宫，鼠标用来点击物体。鼠标只能点物体以及调整视角，只有键盘才能控制向前后左右走动。

5. 双人合作实验中2人在实验过程中可以交流。

双人合作实验得分报告

（1）姓名：________________，________________

（2）您们最后的得分是：________________

（3）您们有没有走出迷宫：○ 是　○否

（4）请问您们在玩游戏的时候 2 个人合作的默契程度？（1 表示非常不默契，7 表示非常默契）

○ 1　○ 2　○ 3　○ 4　○ 5　○ 6　○ 7